지식은 모험이다 26

**10대에 의료계가 궁금한 나,
어떻게 할까?**

처음 펴낸 날   2022년 11월 15일
두번째 펴낸 날   2023년 10월 20일

글   오쿠 신야
옮김   김정환
감수   예병일
펴낸이   이은수
편집   최미소
디자인   원상희
마케팅   정원식
펴낸곳   오유아이(초록개구리)
출판등록   2015년 9월 24일(제300-2015-147호)
주소   서울시 종로구 비봉 2길 32, 3동 101호
전화   02-6385-9930
팩스   0303-3443-9930
인스타그램 instagram.com/greenfrog_pub

ISBN 979-11-5782-227-0 44300
ISBN 978-89-92161-61-9 (세트)

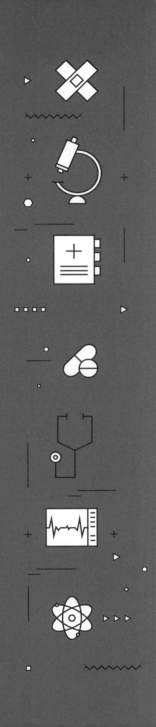

10대에
의료계가
궁금한 나,

어떻게 할까?

- ♥ 오쿠 신야 글
- ♥ 김정환 옮김
- ♥ 예병일 감수

오유아이 Oui

♥ 일러두기

본문 중 의료계 체제와 의과대학 학제는 독자의 이해를 돕기 위해 한국의 상황에 맞게 수정했습니다.

▶ ▶ ▶ 차례

의료계의 미래를
엿보고 싶다면

2021년 어느 여름날, 사람들이 줄을 서서 신종 코로나바이러스의 백신을 맞는 모습을 바라보다가 문득 이런 생각이 들었다.

'의료 기술이 정말 엄청난 속도로 발전했구나.'

세계 최초로 신종 코로나바이러스에 감염된 사람이 병원에 입원한 날(2019년 12월 12일)로부터 2개월도 지나지 않은 때에 인류는 이 신종 코로나바이러스의 유전자를 전부 해석해 냈다. 게다가 1년도 채 되지 않는 기간 동안, 백신을 사람에게 접종할 수 있는 단계까지 이르는 엄청난 속도를 보여 줬다. 의료 현장에서 수많은 사람이 노력해 이룬 성과라고 생각하면 가슴이 뜨거워진다. 신종 코로나바이러스용 메신저 RNA mRNA 백신*은 세계적으로 퍼지고 있는 바이러스에 대항하는 인류 지혜의 결정체다.

---

*메신저 RNA 백신: 기존의 DNA 백신과 달리, DNA가 가진 유전 정보를 다른 곳으로 옮겨 주는 메신저 RNA의 역할을 이용해 항체를 만들게 하는 원리이다.

보통 감염병을 연구하고 임상 시험을 거쳐서 실제로 백신이 나오기까지 10년 정도 걸린다. 그러나 신종 코로나바이러스 백신은 한 명이라도 더 구하려는 절박한 상황에서 빠르게 진행되었다. 본래 백신이 나오기까지 수많은 단계를 거친다. 개발부터 시작해 사람에게 실제로 투여해 보는 임상 시험을 하고, 약의 효력과 안전성에 관해 정부의 심사를 받는 등 여러 과정이 필요하다. 그런데 신종 코로나바이러스 백신은 이 과정을 대폭 줄여서 완성까지 필요한 시간을 단축한 것이다.

　　동시에 백신을 많이 생산하기 위해 전 세계 국가와 산업계가 위험을 짊어지고 큰돈을 들여 생산 체제를 만들었으며, 지금도 백신을 생산하고 있다. 현장에서 환자를 진찰하는 사람들, 백신과 치료약을 개발하는 사람들, 임상 시험에 협력하는 사람들이 모두 팀을 이뤄서 작지만 거대한 적과 싸우는 중이다.

　　10년 전에 신종 코로나바이러스가 퍼졌다면 유전자를 해석하고 백신을 만드는 기술이 부족했기에 백신을 만드는 데 훨씬 오래 걸렸을 것이다. 당연히 목숨을 잃는 사람도 더 많았을 터이다.

　　백신을 접종할 때 그 사람이 백신을 맞아도 될지 판단하기 위해 의사가 문진을 한다. 이를테면 이 사람에게 심한 알레르기 반응이 생기지 않을지, 면역력이 너무 떨어져서 주사를 맞을 수 없는 상태인지 등을 확인하는 것이다. 컴퓨터 기술을 이용하면 인공 지능AI이 충분히 의사를 대신해서 문진을 할 수 있지만, 현재는 법률상 의사가 직접 해야 한다. 일본 의료계는 최첨단 기술의 결정체인 백신을 쓰고 있지만, 동시에 낡은 시스템도 여전히 유지하고 있다. 외국에서 2020년에 시작한 백신 접종을 일본은 2021년이 되어서야 시작한 것도 낡은 시스템 탓이 크다.

의료계는 앞으로 10년 사이에 더욱 크게 변화할 것이다. 현장에서 일하는 의사들은 이 변화를 체감하고 있다. '미래학'이 전문 분야인 나 또한 의료계에서 큰 변화의 물결이 이미 시작된 것을 느낀다. 다리에 힘주고 힘껏 버티지 않으면 미래의 의료인은 물론이고 환자까지도 거센 물결에 휩쓸려 설 곳을 잃을지 모른다.

나는 25세에 도쿄대학교 의과대학 부속 병원(도쿄대학 병원)의 방사선과*에서 임상 의사로 일했다. 임상 의사란 병원에서 밤낮으로 환자를 진찰하는, 말하자면 '의사 선생'이다. 32세 때는 새로운 기술로 암을 치료하는 핵의학을 공부하기 위해 프랑스로 유학을 갔다. 프랑스에서 2년 동안 머무르면서 많은 것을 배웠다. 특히 일본인과 달리, 인생에 욕심이 많은 프랑스인의 가치관이 인상 깊었다. 이루고 싶은 것을 정확히 정하고, 그 목표를 이루기

---

* 방사선과: 현재는 진단과 몇 가지 질병의 치료를 담당하는 '영상의학과', 암 치료를 담당하는 '방사선종양 학과', 방사성 동위 원소를 이용해 질병 진단과 치료를 담당하는 '핵의학과'로 구분한다.

위해 노력을 아끼지 않으며 적당히 타협하지 않는 가치관은 이후 내 인생에 큰 영향을 끼쳤다.

40세를 넘긴 뒤에는 5년 동안 도쿄대학교에서 교수로 의료 제도를 연구했다. 그러다가 많은 기업에 조언을 해 주던 것이 계기가 되어 영국에서 경영학 석사 학위MBA를 받고 제약 회사, 의료 기기를 만드는 회사 같은 의료 산업계로 자리를 옮겼다.

그 덕분에 의사(내부)와 기업(외부)의 입장에서 의료계를 바라볼 수 있어 의료 현장을 둘러싼 환경을 더욱 깊이 이해하고, 의료계의 미래학자로서 자질을 갈고닦을 수 있었다.

이 책은 10년, 20년 후 의료계에서 일하려는 사람들에게 과거·현재·미래에 의료계는 어떠했고, 어떠하며, 어떠할 것인지를 설명하는 내용을 담고 있다. 의료계의 미래를 살짝 엿보면서 의료 현장, 의료 산업, 의학 연구 등 여러분이 어떤 무대에서 일할지 미래를 고민하는 계기가 되기를 바란다.

세상이 크게 변하고 있지만, 우리는 무엇보다 자신을 믿고 할 수 있는 일에 최선을 다하는 게 중요하다. 지금부터 미래로 향하는 문을 하나씩 열어 보자!

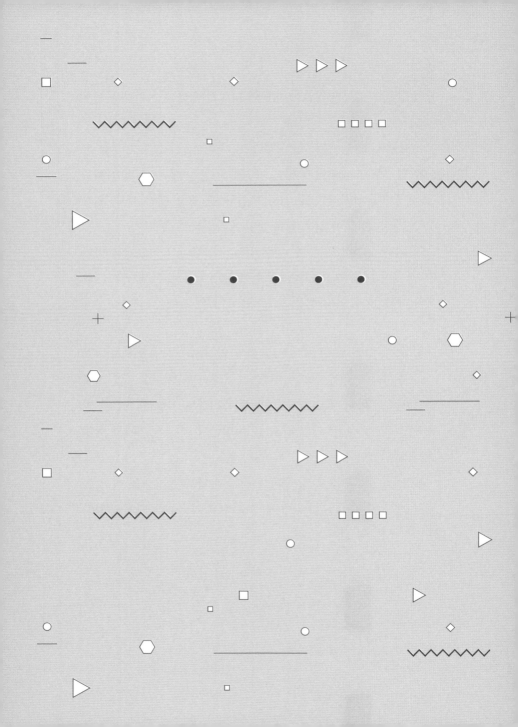

1장

의사에서
의료계
미래학자로

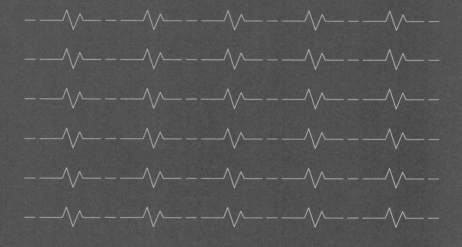

의료계의 미래를 알고 싶은 약간 특이한 의사

6~7년 전 어느 날, 중학교에 갓 입학한 큰딸이 이런 말을 불쑥 꺼냈다.

"나도 의대에 가고 싶어."

내가 의사로 일하는 모습을 지켜보며 그런 생각을 한 것일까? 아버지로서 기뻤지만 동시에 걱정스러운 마음도 들었다.

나는 도쿄대학교 의과대학을 졸업한 뒤 도쿄대학 병원에서 의사로 일하기 시작했다. 그 후 외국에서 핵의학과 의료정보학을 공부했으며, 지금은 의료 산업계에 몸담고 있다. 의사 중에는 주임 교수나 실장, 원장 같은 보직을 목표로 대학 병원에서 계속 근무하거나 동네에 개인 의원을 차려서 지역 주민을 치료하는 경우가 많다. 나는 일반적인 과정을 벗어나 미래에 의학이 어떤 모습으로 변할지를 알아보고 싶었다. 그런 의미에서 일을 대하는 자세도, 사고방식도 '약간 특이한 의사'일지 모른다. 그러나 병원 내부와 외부 모두에서 의료 현장을 바라본 덕분에 시야가 넓어졌다.

의대에 가고 싶다는 딸의 말을 들은 뒤, 기회가 될 때마다 "왜의대에 가고 싶니?", "어떤 의사가 되고 싶어?" 같은 대화를 나눴다. 그런데 어느 순간 뭔가 좀 이상하다는 생각이 들었다. 왜 그런지 살펴보다가, 딸이 생각하는 의사나 의학에 대한 이미지가 딸이 의사로 일하게 될 15~20년 후의 모습과 매우 다르다는 사실을 깨달았다.

딸은 생물의 신비에 완전히 빠져 있었다. 그리고 《블랙 잭》* 등의사가 주인공으로 나오는 만화나 의학 드라마를 통해 '의사'라는 직업을 접하면서 의사가 되고 싶다는 생각이 조금씩 커진 모양이었다. 책이나 텔레비전에서 묘사되는 의료와 의사의 모습은크게 각색된 것이다. 현실과 다르다. 병원에 자주 간다든가, 주변에 의료계에서 일하는 사람이 많다든가 하는 특수한 경우를 제외하면 중학생이 의료 현장을 접하는 데 한계가 있다.

이 일로 나는 딸 또래의 아이들이 앞으로 의료가 어떻게 변할

---

*블랙 잭: 1970년대 데즈카 오사무가 연재한 의료 만화 시리즈. 천재 외과 의사가 주인공으로 등장하며 인기가 많아 드라마, 영화로도 제작되었다.

지 제대로 모를 수 있겠다고 느꼈다. 엄청난 속도로 기술이 발전하고 있다. 의료계도 예외는 아니다. 초고속 인터넷, 이동 통신, 컴퓨터 등을 사용하는 정보 통신 기술IT이 더 발전하면 진찰이나 수술처럼 사람의 손으로 하는 일도 기계가 할 수 있다. 신약이나 의료 기기도 속속 개발될 것이다.

'사람들에게 도움이 되고 싶다.'거나 '병을 치료해서 그 사람이 더 나은 인생을 살며 가족과 행복하게 지내도록 돕고 싶다.'는 생각은 의사를 지망하는 동기로 매우 훌륭하다. 다만 지금까지 의사가 주로 하는, 눈앞의 환자를 직접 진찰하는 일이 앞으로는 점점 줄어들 것이다. 신종 코로나바이러스가 확산되면서 병원에서는 비대면 진료가 더러 이뤄지기도 했다. '비대면 진료'란 병원에 가지 않고 컴퓨터나 휴대폰 등의 통신 수단을 이용해 의사에게 진찰받는 것이다. 전에는 환자의 몸 상태가 아무리 좋지 않아도 어떻게든 병원에서 의사를 만나 진찰받고서야 약을 처방받을 수 있었다. 의사가 진료실에서 환자에게 이런저런 질문을 하고, 청진기로 심장이 뛰거나 폐가 호흡하는 소리를 들으며 얼마나 부었는지 등 몸 상태를 확인한 뒤에 병을 진단하고 약을 처방했다. 그러나 앞으로는 컴퓨터가 중심이 되어 병을 진단하고 약을 처방하는 시대가 올 것이다.

환자 한 사람, 한 사람에게 다가가는 것은 중요하다. 다만 꼭 얼굴을 마주 보지 않더라도, 멀리 떨어져 있더라도 환자에게 가까이 다가갈 수 있다. 컴퓨터를 이용한 의료 기술의 발전이 그런 시대를 가능하게 할 것이며, 그날은 이미 코앞까지 다가왔다.

의사가 되기 위해 재수하다

나는 1981년에 대학생이 되었다. 처음에는 수학자가 되고 싶어서 도쿄대학교 이과 1류*에 입학했다. 친구들, 부모님, 그리고 나 자신도 내가 수학자가 되리라 생각했다.

그러나 실제로 대학교에서 공부를 하니 내가 기대했던 것과 뭔가 달랐다. 그리고 수학보다 흥미 있는 학문을 몇 가지 만났는데, 그중에 특히 '의학'이 끌렸다. 고등학생 시절에 진로를 선택할 때는 주위에 의사가 없어서 의학 분야를 깊게 생각해 본 적이 없었다. 데즈카 오사무의 모교에 다녔고, 그가 쓴 《블랙 잭》도 읽어 봤지만 의사를 직업으로 고려한 적은 없었다. 의과대학에 가면 피를 보게 될 테니 막연히 싫다고(당시는 그랬다) 생각했을 뿐 그 이상은 고민하지 않았다. 그보다 대학교에서 내가 좋아하는 수학을 즐겁게 공부할 나날을 상상했다. 그런데 대학교에 들어와서 의학이 생명과학 전반을 다루는 분야이고, 자격증이 있으면 진료실에서 환자를 진찰하는 의사뿐 아니라 연구자도 될 수 있다는 사실

---

*도쿄대학교는 학과가 아니라 계열별로 나눠 학생을 뽑는다. 이과 1류는 수학·물리학·지구과학, 2류는 생물학·화학 중심이고, 3류가 의학이다.

을 알게 되었다. 또한 의사가 된다 해도 다양한 전문 분야가 있어서 꼭 피를 봐야 하는 건 아니었다. 피를 보는 게 싫다는 이유만으로 외면하기에는 아까운, 재미있는 영역이 존재하는 학문임을 깨달은 것이다.

꽤 오랫동안 고민한 끝에 나는 도쿄대학교 의과대학에 가기 위해 재수하기로 결심했다.

의학 공부보다 소프트웨어 개발에 빠지다

결국 재수해서 의과대학에 들어갔다. 의과대학에서 공부하는 6년 동안, 훗날 내 인생의 재산이 된 대학교 동기들과 주로 시간을 보냈다. 학교에서 함께 공부하고, 때로는 테니스를 치거나 술을 마시거나 게임을 즐겼다. 되돌아보면 무엇과도 바꿀 수 없는 청춘의 귀중한 시간이었다.

의과대학에서 수많은 기초 이론을 공부할 수 있어 좋았지만, 실망스러운 점도 있었다. 의과대학이 아닌 다른 학부, 그러니까 정보 과학·물리학·생물학·약학 등을 전공하는 친구들이 최첨단 학문을 공부하는 게 부러웠다. 반년 이상 걸리는 대규모 실험이나 컴퓨터 프로그래밍에 푹 빠져서 시간을 보내는 친구들을 보고 있자니, 내가 하는 의학 공부는 지루하게 느껴졌다. 의과대학에도 혼자서 최첨단 연구를 하는 사람들이 있었지만, 당시의 나는 그런 사실을 알지 못했다.

나는 의과대학에 다니면서 선배들이 세운 회사에서 프로그래 밍 아르바이트를 했다. 오히려 수업보다 여기에 빠져서 매일같이 정신없이 일했다. 돌이켜 보면 6년 동안 의학보다 프로그래밍을 더 많이 공부했던 것 같다. 실제로 그때 공부한 소프트웨어 개발 에 관한 기초 지식은 지금까지 큰 도움이 되고 있다. 그때는 몰랐 지만, 최첨단 의학의 씨앗이 바로 그곳에 있었다는 생각이 든다.

환자에게 삶의 의미를 배우다

6년 동안의 의과대학 생활을 마치고, 의사면허 시험에 합격해 도쿄대 병원에서 의사로 첫발을 내디뎠다. 내가 선택한 분야는 '방사선과'였다. 방사선과는 최첨단 의료 기기를 사용해 병을 찾 아내는 '진단'과 최첨단 의료 기기나 약으로 암을 낫게 하는 '치 료' 두 가지 의료 행위를 하는 학과다.

의사로 계속 일하는 사람은 이 직업을 선택하기를 잘했다고 느 낄 만한 일을 반드시 겪게 된다. 그 경험이 괴로운 잡무 등을 극 복하는 버팀목이 되어 준다. 나 또한 그런 경험이 있었다. 수련의 시절에 내가 의사가 되기를 잘했다고 느꼈던 경험을 소개하겠다.

암 병동 1인실에 입원한 구로오 오사무(가명) 씨는 40세를 갓 넘긴 환자로, 텔레비전이나 라디오 프로그램의 대본을 쓰는 방송 작가였다. 60세를 넘긴 환자가 많은 암 병동에서 40세는 굉장히 젊은 나이다. 구로오 씨는 늘 병실의 침대에 조용히 앉아 있었다. 힘든 암 투병에도 아랑곳하지 않고 꿋꿋하게 지냈다. 오히려 내게 먼저 "선생님, 좋은 아침입니다. 오늘은 컨디션이 좋네요."라며 밝은 목소리로 인사를 건네기도 했다. 그러나 말하지 않아도, 끊임없이 진행되는 암의 고통과 죽음에 대한 공포를 구로오 씨가 필사적으로 견디고 있는 게 보였다.

어느 날, 구로오 씨의 부인이 구로오 씨가 쓴 짧은 원고를 내게 보여줬다. 그의 인품이 담긴 글은 물 흐르듯 매끄러웠다. 또한 마음에 깊이 파고드는 문장이라 지금도 기억에 남아 있다.

구로오 씨는 의학 서적을 읽고 공부하는 공붓벌레이기도 했다. 나도 깜짝 놀랄 만큼 자신의 병에 대해 아는 게 많았다. 지금이야 병을 다룬 책이 다양하게 출간되고 인터넷에 넘쳐 나는 정보를 쉽게 얻을 수 있지만 당시는 인터넷이 대중화되지 않은 상태였다. 환자가 혼자서 그 정도 지식을 얻으려면 엄청난 노력이 필요했을 것이다. '5년 생존율(지금부터 5년 후에 환자가 살아 있을 확률)' 등 어떤 의미에서는 알고 싶지 않을 정보도 객관적으로 바라봤다. 자신이 처한 운명, 남은 시간이 얼마 없는 상황을 이해한 구로오 씨는 어느 날 머뭇거리며 이렇게 물었다.

"선생님, 이번 달 중순에 드라마 공모전이 있는데 그걸 준비할 동안 통증을 없앨 수 있을까요?"

"네? 이 이상 암세포에 방사선을 쬐는 것은 매우 위험합니다. 알고 계실 텐데요."

"네, 물론 잘 알지만……."

구로오 씨는 통증을 억누르기 위해 방사선 치료를 추가해 달라고 요청했다. 방사선 치료는 높은 에너지의 방사선을 쬐어서 암세포를 공격하는 방법으로 지금도 널리 이용된다. 당시 구로오 씨는 이미 꽤 많은 양의 방사선 치료를 받은 상태였다. 방사선 치료를 하면 암에 걸린 부분뿐 아니라 주위의 정상적인 조직도 방사선을 쬐기 때문에 면역력이 약해지고 심한 폐렴에 걸리는 등 생명을 위협하는 부작용이 나타날 수 있다. 그런 까닭에 쬘 수 있는 방사선의 최대량이 정해져 있으며, 치료 계획을 세울 때 컴퓨터를 이용해 방사선량을 세심하게 관리하도록 되어 있다.

나는 구로오 씨가 굳이 부인이 자리를 비웠을 때 그런 요청을 한 이유를 이해했다. 부인에게 걱정을 끼치고 싶지 않았던 것이다. 구로오 씨가 바라는 추가 치료는 오히려 수명을 줄일 수 있어 위험했다. 그러나 구로오 씨는 아예 할 수 없게 되기 전에 하고 싶은 일을 마치고 싶다는 마음으로, 위험을 감수하면서까지 추가 치료를 원했다.

"알겠습니다. 제가 교수님께 말씀드려 보겠습니다."

나는 방사선 치료를 담당하는 교수와 이 일을 의논하기로 했다. 위험을 무릅쓰고 방사선 치료를 실시하는 건 '정상적인' 치료가 아니며, 자칫하면 생명을 잃을 수도 있다. 물론 "고작 드라마 공모전을 위해 생명의 위험을 감수하겠다는 환자의 말을 받아들이자니, 자네 제정신인가?"라는 질책을 들을 것은 알았지만 나는 결심을 굳혔다.

다만 교수와 담판을 짓기 전에 해야 할 일이 있었다. 며칠 동안 고민에 고민을 거듭했다.

어떤 치료가 구로오 씨에게 최선일까?

구로오 씨가 하루라도 더 평온하게 살 수 있도록 적극적인 치료를 하지 말아야 할까? 아니면 구로오 씨가 꿈을 실현할 수 있도록 위험이 따르는 적극적인 치료를 선택해야 할까? 어느 쪽이 진정 구로오 씨의 행복을 위한 길일까? 의사인 나는 어떻게 해야 할 것인가? 고민을 거듭한 결과, 의사가 된 뒤 처음으로 내 판단에 따라 치료를 하기로 결정했다. 잠시 설명하자면, 아직 실무 경험이 적은 의사는 보통 선배 의사의 지시에 따라 묵묵히 의료 행위를 한다. 자신의 판단'만'으로 무엇인가를 하는 일은 일반적으로 절대 있을 수 없다.

나는 방사선 치료를 잘 아는 동료 의사에게 도움을 받아 밤새 컴퓨터로 꼼꼼하게 계획을 세웠다. 방사선 쬐는 부분을 적절히 조정하고 횟수를 정해서 치료의 위험을 줄이고자 했다. 그렇게 구로오 씨가 바라는 치료 효과를 얻을 수 있도록 계획서를 작성했다.

방사선과 교수는 내가 가져간 치료 계획서를 한참 동안 들여다 봤다. 그리고 몇 가지 중요한 점을 확인한 다음, 내게 말했다.

"충분히 주의를 기울여서 실시해야 하네. 처음부터 끝까지 반드시 자네가 환자를 지켜보는 상태에서 치료하도록 하게."

처음으로 내게 판단을 맡긴 순간이었다.

다행히 치료는 무사히 끝났고, 구로오 씨는 통증 없이 공모전을 준비할 수 있었다. 걱정했던 방사선 치료의 부작용이 나타나는 일도 없었다. 병실을 지나다가 구로오 씨가 소등 시간을 넘겨서까지 원고지에 무언가 적는 모습을 봤을 때, 나는 '진짜 의사'가 된 것 같아 뿌듯했다.

그리고 구로오 씨는 무사히 공모전에 원고를 낼 수 있었다. 결과가 어떻게 되었는지는 알 수 없었다. 구로오 씨의 몸 상태가 악화되어 병원을 옮겼기 때문이다. 환자와 주치의가 한마음이 되어 암을 일시적으로 약화시켜 구로오 씨가 하고 싶은 일을 끝마치는 데까지 성공했다. 그러나 끝내 암의 전이를 막을 수는 없었다.

대학 병원에서 일하는 의사의 숙명이지만, 전문 치료가 끝나고 환자가 병원을 옮기면 환자와 의사의 관계는 끊어진다. 그러나 나는 구로오 씨가 방사선과 병실에 있는 동안 낫고 싶고, 살고 싶다는 환자의 바람을 이루기 위해 필사적으로 노력했다. 그 뒤로도 그때를 수없이 곱씹었다. 구로오 씨는 반드시 응모하고 싶은 공모전이 있었다. 그건 자신의 생명과도 저울질할 만큼 중요한 일이었다. 의사로서 결코 추천할 수 없는 일이지만, 눈앞에 있는 환자의 마음속 깊이 숨겨진 열정을 모른 체할 수 없었다. 환자는 자신이 바라는 인생을 살아야 한다. 의료는, 그리고 의사는 환자가 바라는 인생을 살 수 있도록 도와야 한다. 그때 나는 환자의 열정에 이끌려, 어떻게든 환자가 바라는 대로 해 주고 싶다는 생각뿐이었다.

앞으로 의료계에서 일하고자 하는, 의사가 되려는 여러분도 언젠가 이런 상황을 맞을 것이다. 병을 치료하면서 그 끝에 있는 죽음이나 환자의 삶과 마주하는 것이야말로 '의사로서 살아가는' 것이다. 환자마다 삶이 있고, 환자가 걸린 병이 있다. 환자마다 경제 상황, 가족 관계, 심리 상태가 전부 다르다. 생각해 보면 너무나 당연한 사실이지만, 새내기 때는 제대로 이해하지 못했다.

그 후에도 담당한 검사 결과를 해석하거나 암 치료 방침을 결정하는 등 환자의 생명과 직결되는 일을 셀 수 없이 많이 했다. 그때마다 나는 구로오 씨를 치료한 경험을 떠올리며 올바르게 행동하고 있는지 스스로 되물었다. 의사로서 한 사람의 인생에 관여하는 게 괴롭기도 하지만, 보람을 느낄 때가 많다.

오만한 의사에게 찾아온 죽음

새내기 의사 시절에 겪은, 잊을 수 없는 경험이 또 있다. 이번에는 개인적인 일이다.

지금으로부터 약 20년 전이었다. 아버지는 70세에 협심증 수술을 받았다. 협심증은 심장에 걸리는 병 가운데 하나로, 심장 동맥*이라는 가는 혈관이 막히면서 생긴다. 내버려 두면 숨 쉬기가 힘들어지거나 통증이 심해져서 정상적으로 생활할 수 없다. 오사카에 살던 아버지는 주치의에게 투약 치료를 받고 있었다. 증상이 나아지지 않아 좋아하는 정원 손질도 쉬엄쉬엄할 수밖에 없고, 집 앞에 있는 완만한 비탈길조차 오르기 힘든 상태였다.

럭비를 즐기는 열정적인 중학교 교사였던 아버지가 마음대로 움직이지 못하니 얼마나 답답할지 충분히 짐작되었다. 정원 손질조차 할 수 없을 만큼 행동이 제한되는 협심증은 아버지에게 견딜 수 없는 병이었을 것이다.

그 무렵 나는 의과대학을 졸업한 지 9년 차로, 마침내 한 사람 몫을 하게 된 의사였다. 전문의가 된 후에 해외 유학도 경험했으며, 방사선과라는 전문 분야의 지식도 어느 정도 있어 의사로서 자신감이 가득했다. 어떤 측면에서는 조금 겁이 없다고 할까, 오만한 마음이 있었다. 당시 나는 다시 도쿄대 병원에서 근무하고 있었고, 쉬는 날이면 오사카로 가서 아버지의 진료에 자주 함께했다.

아버지의 담당 의사는 이렇게 말했다.

"생활이 불가능한 정도는 아니니, 위험한 수술보다 이대로 약

---

*심장 동맥: 심장을 좌우로 둘러싼 두 개의 동맥을 말한다. 산소와 영양분을 심장에 공급하는 역할을 한다.

을 먹으면서 상태를 살피는 편이 좋을 것 같네요."

그러나 나는 아버지를 좀 더 자유롭게 움직이도록 해 드리고 싶었다. 수술을 받으면 그렇게 될 것이라고 믿었다. 그래서 내 연줄을 이용해 수술해 줄 의사를 찾았다.

그리고 내 조언대로 아버지는 수술을 받기로 했다. 내게 아버지는 언제나 거대한 존재였는데, 병원에 입원한 아버지의 모습은 조그만 체격의 노인으로 보였다. 아버지는 수술 전에 이런저런 검사를 받고, 주치의와 이야기를 나눴다. 모두 순조롭게 진행되는 것처럼 보였다.

아침에 시작된 수술은 4시간에 걸쳐 잘 이뤄졌다. 수술이 끝나고 이동식 침대에 누운 채로 수술실에서 나온 아버지를 보고 안도하던 어머니의 모습이 지금도 생생하다. 나는 몇 시간 정도 병실에 머문 뒤, 다시 일하러 도쿄로 돌아왔다. 아버지가 큰 수술을 받은 뒤였지만 '수술이 잘됐으니 계속 곁에 있을 필요는 없겠지. 곧 뵈러 오면 될 거야.'라고 가볍게 생각했다.

이틀 후 아침, 여느 때처럼 방사선과 검사실에서 아버지처럼 협심증을 앓는 환자를 검사하고 있었다. 그런데 일하는 중인데도 접수처에서 나를 호출하는 전화가 걸려 왔다. 어지간해서 없는 일이었기에 불길한 예감이 들었다.

접수처에 가 보니 아버지 담당의에게 전화가 와 있었다.

"환자의 상태가 심상치 않습니다."

수화기에서 들려오는 목소리가 아득히 멀게만 느껴졌다. 두어 시간이 걸려서 아버지가 계신 병원에 도착했을 때, 아버지의 몸에는 여러 가지 의료 기기가 붙어 있었다. 심장 수술의 합병증이 나타난 게 분명해 보였다. 아버지는 '급성 장폐색'이라는 진단을 받고, 긴급 수술을 받게 되었다. 장 대부분을 절제해서 어떻게든 목숨만은 구하려는 수술이었다. 어려운 수술이라 성공해도 인공 항문을 달게 될지 모른다는 의사의 설명을 듣고, 어머니는 이런 말을 했다.

"정말 딱한 양반이라니까? 내가 돌봐야지 어떡하겠니."

그러나 정말로 딱한 사람은 아버지가 아니라 나였다. 아버지의 상태와 체력을 좀 더 신중하게 고려해야 했다. 수십 년이 지난 지금도 당시를 생각하면 후회로 마음이 괴로워진다.

의사들이 노력했지만, 아버지는 상태가 급격히 나빠졌다. 그리고 하루도 지나지 않아 세상을 떠나고 말았다.

아버지가 돌아가시고 몇 주가 지났을 때, 혼자가 된 어머니는 유품을 정리하다 서재 한구석에서 아버지가 내게 쓴 편지를 발견했다. 수술받으러 집을 떠나기 전날, 서재에서 쓴 것 같았다. 아버지가 평소 아끼던 만년필을 꾹꾹 눌러 쓴 글씨체로 이렇게 적혀 있었다.

"아들인 너를 믿고 수술받는 것이니, 무슨 일이 생기더라도 신경 쓰지 마라."

그 편지를 본 순간 나는 충격에 빠졌다. 한동안 몸을 움직일 수조차 없었다. 정말 부끄럽게도 아버지가 이런 마음으로 수술을 받았다는 걸 그때서야 알게 되었다.

그 전까지는 내가 내린 결정에 한 치 의심도 없었으며, 아버지 또한 걱정 없이 내 결정을 따라 주었다고 믿었다. 그런데 사실은 그렇지 않았던 것이다. 내가 얼마나 오만한 행동을 했는지 깨달았다. 그 대가는 너무나 가혹했다. 아버지는 이제 다시 돌아오지 못한다. 나는 그때의 십자가를 줄곧 등에 진 채로 살고 있다. 한순간도 잊은 적이 없다. 아니, 잊고 싶다는 생각도 하지 않는다.

의사로 시작해 의료계 미래학자로 살다

아버지가 돌아가신 지 20년도 더 흘렀지만, 지금까지 '그때 내가 올바른 판단을 했던 걸까?'라고 후회할 때가 많다. 그만큼 아버지의 죽음은 내게 커다란 사건이었다.

20년 동안 의료 기술은 날로 발전했으며, 협심증도 수술 이외에 다양한 치료법이 생겼다. 아버지처럼 수술로 목숨을 잃는 일이 크게 줄었지만, 아직 완전히 사라진 것은 아니다.

의료 기술이 더욱 발전해 외과 수술로 목숨을 잃는 사람이 한 명도 없을 만큼 줄어들기를 바란다. 아무리 세월이 많이 흘러도 아버지를 죽음으로 몰아넣은 젊은 날의 나를 원망하는 마음은 사라지지 않는다. 그래도 조금은 앞을 향해 나아가려고 노력하고 있다.

그 뒤로 나는 병원뿐 아니라 약이나 의료 기기를 만드는 회사에서도 일했다. 그 결과, 다양한 각도에서 의료를 바라볼 수 있게 되었다. 젊은 날에 환자를 보는 의사의 입장에서만 보던 의학·의료를 새로운 관점에서 바라보는 것이다. 환자에게 맞춘 선택으로 질 높은 의료를 제공하려면 무엇이 필요한지, 의료 제도와 사회는 어떻게 바뀌어야 할지를 끊임없이 고민하게 되었다.

의사가 되려면 먼저 의과대학에 들어가야 하지만, 그곳에서 모든 게 결정되지는 않는다. 의과대학에 입학했다고 의사로 나아가는 길이 저절로 열리지 않으며, 스스로 길을 개척해 나가야 한다. 주어진 지식을 자신의 것으로 만들기 위해 공부하고, 스스로 생각하는 힘을 키워야 한다.

지금 나는 과학의 발전과 사회·경제 상황 등 다양한 각도에서 의료계의 미래를 분석하고, 어떤 병을 치료하는 게 가능해질지를 예측하는 일을 하고 있다. 지금부터 미래학자인 내가 의료계에서 일하고 싶어 하는 여러분에게 진로를 결정하는 데 도움이 될 만한 이야기를 해 주고자 한다.

2장

의료계는
앞으로
어떻게 변할까?

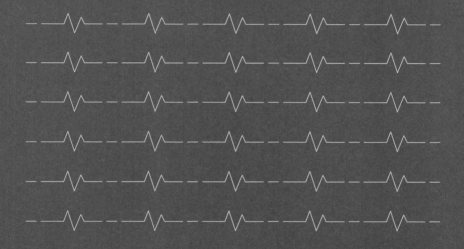

2030년, 진료실 풍경이 변한다

미래에는 진료실 풍경이 어떻게 변할지 한번 상상해 보자.

♥ ♥

중학교 2학년인 오노 쇼는 어느 날 아침에 눈을 뜨자 머리가 지끈거려서 체온을 재어 봤다. 그랬더니 38도가 넘는 것이 아닌가? 그래서 학교를 쉬고 어머니의 부축을 받으며 후들거리는 다리로 근처의 병원을 찾아갔다. 병원에 들어가자 접수대에서 인간형 로봇이 쇼를 맞이했다. 로봇은 어머니를 닮은 상냥한 목소리로 물었다.

"무슨 일로 오셨나요?"

"아침에 일어났는데 체온이 38도가 넘어서요."

곧 다른 로봇이 쇼를 검사실로 안내했다. 쇼는 검사를 받은 뒤 진료실에 들어갔는데, 그곳에도 인간 의사는 없었다.

"의자에 앉으십시오."

의자 앞에 컴퓨터 모니터가 있고, 모니터에는 방금 받은 검사의 결과뿐 아니라 지금까지 진료받았던 기록과 약을 처방받은 내역 같은 정보가 떠 있었다. 화면을 들여다보니 모니터 너머에서 의사가 말을 걸었다. 인간이 아니라 AI 의사였다.

"언제부터 열이 났나요? 두통 말고 불편한 곳은 없나요?"

아침에 일어난 뒤의 몸 상태가 어땠는지, 그밖에 아픈 곳은 없는지 등의 질문이 이어졌다. 그리고 정보를 바탕으로 의심되는 병의 목록이 화면에 표시되었다. 문진이 계속되면서 병의 후보가 점점 좁혀지다 최종적으로 병명이 특정되었다.

"쇼 님은 독감에 걸렸습니다."

쇼가 모니터에 나온 병명을 손가락으로 찍자 집에서 지낼 때 주의할 점과 처방될 약의 내용이 표시되었다.

"심각한 병이 아니므로 입원할 필요는 없습니다. 약을 먹고 집에서 푹 쉬세요."

AI 의사가 진찰 결과를 알리자마자, 쇼의 스마트폰 앱으로 처방전이 도착했다. 미리 설치한 병원 앱이 진찰 순서를 알려 주기에 대기실에서 다른 환자와 마주칠 일도 없었다. 차례가 되면 병원으로 오라는 연락을 받기 때문에 누구와도 마주치지 않았다. 진료실을 나온 쇼는 진료비가 자동 결제된 것을 스마트폰으로 확인한 뒤 병원을 떠났다.

♥ ♥

미래에는 이런 풍경이 일상이 될지 모른다. 사실은 이미 신종 코로나바이러스의 유행을 계기로 감염을 예방하기 위해 병원에 가지 않아도 집에서 컴퓨터나 스마트폰으로 진료를 받을 수 있는 '온라인 진료'가 실시되기도 했다. 아직 불편한 점이 많지만, 몇 년 후에는 이용하기 훨씬 편리해질 것이다.

40도 가까이 고열이 나면 병원에 가는 것조차 힘들다. 대기실 의자에 앉아 진료를 기다리는 사이에 몸 상태가 더 나빠졌던 경험은 없는가? 게다가 사람들이 잔뜩 모인 대기실에 가면 다른 병에 감염될 확률이 높아진다. 이 점을 고려하면 AI 의사나 온라인 진료가 자리 잡는 게 매우 바람직한 일이다. 애초에 의사가 환자를 직접 만나서 진료하는 건 온라인 진료를 실현하기에 충분한 기술이 없었기 때문이다. 환자가 아픈 몸을 이끌고 의사 혹은 다른 환자에게 감염될 위험성을 감수하면서까지 반드시 병원에 가야 할 필요는 없다.

예전에는 의사도, 환자도 '만나서 이런저런 이야기를 하지 않으면 진료하는 의미가 없지 않을까?'라고 당연하게 여겼다. 하지만 신종 코로나바이러스 때문에 투명 아크릴 가림막과 비닐 가운이 등장해 의사와 환자 사이를 가로막으면서 이런 믿음도 산산이 깨지고 말았다. 의사가 AI로 바뀐다고 해서 의사와 환자 사이에 대화가 사라지는 건 아니다. 오히려 다양한 각도에서 지금 몸 상태가 좋지 않은 이유를 분석하면서 짧은 시간에 더욱 자세히 진료할 수 있다.

처음에는 의사 얼굴을 직접 보지 못하는 게 불안한 사람도 많을 것이다. 사람은 평소와 다르고 자신이 알지 못하는 것을 두려워하기 마련이다. 그러나 일단 해 보고 '괜찮네?'라고 느끼면 마음을 놓고, 그다음부터 스스럼없이 할 수 있다.

의료 현장의 AI, 어디까지 진화했나?

앞으로 10년 후에는 의료 현장에서 AI가 당연하게 활용될 것이다. 지금도 뉴스에서 자주 소개되고 일상에서도 화제에 오를 때가 많다. 여러분도 AI라는 말을 들어 본 적이 있을 것이다.

AI는 인공 지능, 그러니까 Artificial Intelligence의 머리글자를 딴 것이다. 최근에 성능이 크게 향상되면서 컴퓨터도 인간처럼 생각하고 공부할 수 있게 되었다. 특히 딥 러닝 기술이 놀라운 발전을 이루었다. 딥 러닝은 인간의 뇌를 흉내 내는 AI의 중심 기술로, 엄청난 양의 데이터를 주면 특징을 자동으로 뽑아낸다. 현재 AI는 번역, 자율 주행, 프로 바둑 기사와 대국, 의료용 영상 진단 등 지금까지 사람이 해 왔던 분야를 대신할 만큼 성장하면서 생활 속 다양한 분야에 침투하고 있다.

의료 현장의 영상 진단에 관한 실제 사례를 소개하겠다. '영상 진단'이라고 말하면 뭔지 잘 모르겠지만, 1년에 한 번씩 학교에서 건강 검진을 할 때 흉부 엑스선 사진을 찍은 적이 있을 것이다. 이것이 '엑스선 검사'라는 영상 진단의 일종이다. 엑스선 사진에서 폐에 이상한 그림자가 보이는지처럼 병변(병으로 일어난 변화)을 확인해 병이 있는지를 판정한다. 지금까지는 사람이 눈으로 확인하는 까닭에 병변을 발견하지 못하고 놓치는 경우가 있었는데, 컴퓨터가 진단하면 병변을 놓치는 일은 크게 줄어든다.

예를 들어 누군가 건강 검진을 받으면서 흉부 엑스선 사진을 찍고, 의사에게 "특별한 이상은 발견되지 않았습니다."라는 말을 들었다. 그런데 반년이 지났을 즈음, 등과 허리가 아프고 목이 쉬는 등 몸에 이상이 나타났다. 목이 쉬었기 때문에 이비인후과를 찾아갔지만 원인을 알 수 없었고, 내과에서 역시 원인을 알 수 없었다. 그래서 대학 병원을 찾아가 검사받은 결과, 암이 발견되었다. 그러나 말기까지 진행되어서 손쓸 수 없는 상태였다.

지금까지는 이런 불행한 일이 이따금 일어났다. 그러나 AI를 이용한 영상 진단이 활발해지면 병변을 놓치는 일은 사라질 것이다. 암을 일찌감치 발견해 치료를 시작할 수 있다.

엑스선 사진뿐 아니라 컴퓨터 단층 촬영CT과 자기 공명 영상 MRI, 초음파 검사 등 다양한 영상 진단과 병리 진단*에도 AI를 활용할 것이다. 여러분의 할아버지가 종합 건강 검진을 받았다고 해 보자. 종합 건강 검진은 숨겨진 병을 일찌감치 찾아내기 위해 수많은 항목을 검사한다. 그리고 CT로 구석구석까지 조사한 결과 AI가 할아버지의 몸속에 생긴 작은 암을 놓치지 않고 찾아냈다. 빨리 발견한 덕분에 할아버지는 암이 작을 때 수술해서 건강을 되찾고, 건강하게 오래 살면서 즐거운 시간을 보낼 수 있다. 병이 심해지기 전에 수술했기 때문이다.

지금까지 미래에는 AI가 영상 진단 분야에서 어떻게 활약할지를 이야기했는데, 처음에 소개한 중학생 오노 쇼처럼 갑자기 열이 심하게 날 경우에는 AI가 어떤 역할을 할 수 있을까?

의사는 풍부한 지식과 진찰 경험을 바탕으로 병의 원인을 찾아낸다. 하지만 의사 한 명이 진찰할 수 있는 환자 수는 한정되어 있으므로 데이터를 축적하는 데도 한계가 있다. 쇼 같은 환자를 인간 의사가 진찰할 때는 과거에 진찰한 환자 중 비슷하게 열이 난 경우를 찾아내서 병을 진단하고 치료한다. 그런데 AI가 진찰한다면 과거에 열이 나서 병원을 찾은 환자의 데이터를 100만 혹은 1,000만 명까지도 볼 수 있다. AI 의사는 진찰한 환자 외에도 인간 의사와는 비교할 수 없을 만큼 많은 데이터를 갖고 있기 때

---

*병리 진단: 병이 생긴 부위의 형태를 관찰하거나 현미경으로 조직을 확인해서 진단하는 것이다.

문이다. 당연히 데이터가 많을수록 진단의 정확도가 높아지므로 병을 잘 치료할 수 있다.

또한 지금은 평소에도 마스크를 끼는 까닭에 환자의 얼굴빛을 보고 증상을 파악하기 어렵지만, 환자의 얼굴을 촬영하면 AI 의사가 자동으로 환자의 상태를 판단할 수 있다. 이마에 체온계를 대지 않아도 서모미터thermometer*가 자동으로 체온을 재는 것처럼, 얼굴빛으로 환자의 상태를 진단하고, 자동으로 진단 결과가 진료 기록부에 기록된다.

환자의 진찰 내용을 담은 진료 기록부도 예전에는 의사가 손으로 직접 작성했다. 그러다가 최근 20년 사이에 종이가 아닌 전자 진료 기록부에 입력하는 방식으로 바뀌었다. 앞으로는 의사가 컴퓨터에 데이터를 입력하는 작업을 할 필요가 없다. 검사 데이터가 자동으로 기록되고, 환자와 대화한 내용을 일일이 입력하지 않아도 음성에서 문자로 자동 변환되어 기록될 것이다.

이것은 진료 현장에서 일어날 변화의 극히 일부다. 미래를 온전히 상상하기는 어렵다. 지금 이 순간에도 병을 찾아내거나 치료하는 놀라운 기술이 속속 개발되고 있다. 여러분이 대학교를 졸업하고 의료계에서 일할 무렵에는 더욱 발전한 풍경이 펼쳐질 것이다.

---

*서모미터: 대상의 표면에 닿지 않고도 적외선 방사율로 온도를 측정하는 체온계를 말한다.

진료실에서 의사가 사라진다?

"머지않아 진료실에서 환자를 진찰하는 인간 의사를 볼 수 없을지도 모릅니다."

이렇게 말하면 깜짝 놀라는 사람도 있다.

병원에 가 본 적 없는 사람은 아마 없을 것이다. 환자가 진료실에 들어가면 의사는 이런저런 질문을 하거나 몇 가지 기구로 환자 몸 이곳저곳을 살펴보는 게 현재 진료실의 풍경이다.

지금 현장에서 일하는 의사도 대부분 이렇게 생각할지 모른다. '진료실이야말로 인간이 가장 필요한 장소인데, 컴퓨터가 인간을 대신하는 날이 온다고?' 그러나 현실에서 컴퓨터가 인간을 대신해 진찰하는 것은 그리 먼 미래의 일이 아니다.

인간 의사는 진찰 도구를 활용해 자신의 눈, 코, 귀 등 오감으로 눈앞의 환자에게서 여러 정보를 끄집어낸다. 입과 귀를 써서 대화하고, 이런저런 이야기를 듣는다. 이런 행동을 거쳐 환자의 상태를 파악한 다음, 의학 지식을 동원해 병을 찾는 것이다.

그런데 앞으로는 컴퓨터도 똑같은 일을 하게 될 것이다. 눈으로 사물을 보는 대신 비디오카메라로 시각 정보를 얻고, 귀로 듣는 대신 마이크로 청각 정보를 얻을 뿐이다. 그리고 의학 지식을 전부 데이터베이스로 만들어 놓고 활용한다. 컴퓨터의 기억 용량은 해마다 늘고 처리 속도도 빨라지고 있으므로 저장된 의학 지식과 대조해 병을 찾고 치료하는 일은 어렵지 않다. 컴퓨터 진찰은 앞으로 10년 안에 가능해지리라 본다.

또한 눈으로 들어오는 시각 정보에는 적외선이나 자외선처럼 인간에게 보이지 않는 것도 있다. 귀로 들어오는 청각 정보도 마찬가지다. 초음파처럼 인간의 귀로 들을 수 있는 범위를 넘어선 주파수가 존재하며, 거기에 병의 특징적인 정보가 숨어 있을지 모른다. 아니, 숨어 있다고 생각하는 편이 오히려 자연스럽다. 기존에 인간이 눈이나 귀로만 관찰했기 때문에 그런 정보를 활용하지 못했을 뿐이다.

AI 연구도 인간이 시범을 보이면 AI가 흉내 내는 방식으로 시작되었지만, 앞으로는 인간을 표본으로 삼지 않고 AI가 독자적인 진단법을 만드는 방식으로 진행될 것이다.

암을 감기처럼 치료하는 시대

의료 현장이 어떻게 발전할지 조금 더 살펴보자. 미래에는 진료실뿐 아니라 의료 기술도 놀랄 만큼 발전할 것이다. 2035년쯤 되면 대부분의 암을 완전히 치료할 수 있어서 암에 걸리기 전의 일상으로 돌아갈 수 있을 것이다.

♥ ♥

중학교 3학년인 사쿠라이 가즈키네 아버지(43세)는 대기업에서 일한다. 이번에 회사에서 규모가 큰 사업을 맡게 되면서 아버지는 평소보다 들떴다. 아버지는 혹시 몸에 이상이 없는지 확인하기 위해 종합 건강 검진을 받기로 했다. 반드시 성공시키고 싶은 사업이었기에 도중에 아파서 프로젝트에서 빠질 일을 막기 위해서였다.

검진 결과는 전부 정상이었다. 가즈키는 아버지가 무슨 일을 하는지 잘 몰랐지만, 신종 코로나바이러스로 세상이 발칵 뒤집힌 상황에서도 매일 출근하기에 일이 많은 모양이라고만 생각했다. 건강 검진의 결과도 어머니에게 "아버지가 몸속 구석구석까지 검사받았는데, 이상 없다고 하는구나."라는 이야기만 들었다.

가즈키네 가족은 평소와 다를 바 없는 하루하루를 보냈다.

그런데 반년 뒤, 아침부터 아버지가 "왠지 좀 피곤한걸."이라고 말하더니 아침 식사를 거르고 출근했다. 가즈키가 일어났을 때 아버지는 늘 넥타이까지 차려입고 신문을 읽으면서 아침을 먹었는데, 그날은 입맛도 없고 신문 읽을 힘도 없다면서 커피만 한 잔 마시고 집을 나선 것이다.

아버지는 입맛이 없고 위 주변과 등이 묵직한 느낌이라고 말했다. 어머니가 "건강 검진을 받은 지 얼마 안 되었는데 이상하네요."라면서 회사를 하루 쉬고 병원에 가 보라고 했다. 동네 의원에 가자, 의사는 "피로가 쌓인 것 같네요."라면서도 "혹시 모르니 큰 병원에서 검사를 받아 보시죠."라고 소견서를 써 줬다.

아버지는 소견서를 들고 대학 병원으로 갔다. 대학 병원에서 혈액 검사와 소변 검사, CT 등의 영상 검사를 했다. 그리고 결과가 나온 날, 의사가 아버지에게 진단 결과를 알려 줬다. 몸 상태가 좋지 않은 이유가 발견된 것이다. 의사가 말한 병명은 '췌장암'이었다.

아버지와 어머니는 집에 돌아온 뒤에도 가즈키에게 자세한 이야기를 해 주지 않았다. 부모님이 식탁에 앉아 심각하게 뭔가를 들여다보는 모습을 보면서 가즈키도 뭔지 모르겠지만 심상치 않다고 느꼈다.

췌장암은 건강 검진을 받았던 반년 전에도 분명히 존재했을 것이다. 다만 발견하지 못했을 뿐이다. 췌장암은 몸속 깊숙한 곳에 생기기 때문에 사람이 영상을 보고 찾아내기가 굉장히 어렵다. 영상 속 아주 작은 이상을 발견하지 못하고 놓친 터라 의사 탓이라고 말할 수도 없었다. 그것이 인간의 한계이기 때문이다.

며칠 후, 아버지는 암이 온몸에 얼마나 전이되었는지 알아보기 위해 입원했다. 역시 전이가 발견되었다. 처음에 생긴 암과 전이된 암 모두 수술로 절제하는 방법도 있지만, 췌장암은 큰 수술을 하더라도 금방 재발할 가능성이 높았다. 그래서 주치의와 의논한 끝에 아버지는 수술을 포기하고 항암제 치료를 시작했다.

입원한 동안 아버지는 회사를 쉬게 되었다. 언제까지 쉴지 알 수 없었다. 아니, 퇴원하더라도 회사에 갈 수 있을지 알 수 없는 상황이었다. 그리고 평소에 앓는 소리를 한 번도 한 적이 없던 아버지의 입에서 힘들다, 괴롭다는 말이 나왔다. 항암제 치료가 시작되자 머리카락이 빠졌고, 겉모습도 빠르게 늙어 갔다. 어쩌면 아버지가 자신을 남겨 둔 채 세상을 떠날지 모른다는 생각이 들면서 가즈키는 점점 불안해졌다.

♥ ♥

10년 후라면 같은 상황이 달라질 수 있다. 가즈키네 아버지가 종합 건강 검진을 받은 시점에 AI가 영상 진단으로 췌장암을 발견했을 것이다. 일찍 발견했으므로 전이도 막을 수 있다. 그리고 로봇 수술로 췌장암이 퍼진 부분을 절제한 뒤, 항암제 치료로 재발을 막는다. 아버지는 일주일도 지나지 않아 퇴원해 직장에 복귀하고, 이전과 다를 바 없이 활기차게 일할 것이다.

이게 바로 가까운 미래에 찾아올 암 치료 현장이다.

백혈병은 이제 불치병이 아니다

우여곡절 끝에 1년 늦게 개최된 2020 도쿄 올림픽의 수영 종목에 일본 대표로 이케에 리카코 선수가 참가했다. 급성 림프구성 백혈병에 걸렸던 이케에가 올림픽 무대에 선수로 복귀한 건 기적 같은 일이었다. 이케에의 모습은 백혈병 환자뿐 아니라 암 환자 모두에게 포기하지 않고 치료하면 된다는 격려와 용기의 메시지를 줬다.

급성 림프구성 백혈병은 혈액 성분 중 하나인 백혈구가 암세포로 바뀌는 병으로, 어린아이부터 청년층에서 비교적 많이 생긴다. 전문적인 이야기라 어려울 수 있지만, '백혈병'이라는 혈액의 암에 관해 잠시 설명하겠다.

뼈의 중심부에 있는 '골수'라는 스펀지처럼 생긴 조직이 적혈구, 백혈구, 혈소판 등의 혈액 세포를 만들어 낸다. 그런데 백혈병에 걸리면 골수가 만든 백혈구가 암세포로 변한다. 그런 백혈구는 정상일 때보다 외부의 적을 물리치는 능력이 약해서 감염병에 걸릴 위험이 커진다. 이 문제를 해결하기 위해 항암제를 쓰는데, 그러면 항암제가 몸의 정상적인 세포까지 공격해서 감염병에 걸릴 위험이 더욱 커진다. 그런 이유로 백혈병에 걸리면 골수 이식이나 한 발 더 나아가 줄기세포 이식을 한다. 다른 사람에게서 정상적인 세포를 이식받아 골수의 능력을 원래대로 돌려놓는 것이다.

신문 기사에 따르면 이케에는 2019년 2월에 건강이 나빠져 검사를 받은 결과, 급성 림프구성 백혈병 진단을 받았다. 약 10개월 동안 입원해 치료를 받고 12월에 퇴원했는데, 그 사이 '조혈 줄기세포(조혈 모세포) 이식'이라는 최신 수술을 받았다고 한다.

백혈병을 치료하는 데는 시간이 많이 걸리는데, 이케에가 이렇게 빨리 선수로 복귀했으니 참으로 놀랍다. 그야말로 기적이다. 이 기적은 당연히 이케에의 노력으로 만든 결과이지만, 항암제와 골수 이식 기술의 발전도 큰 역할을 했다.

예전만 해도 백혈병은 대표적인 불치병이었다. 그래서 옛날 드라마에는 약혼 상대가 백혈병에 걸려서 결혼하기 전에 세상을 떠나는 내용이 많았고, 그런 드라마를 보고 사람들은 눈물을 흘리며 안타까워했다. 그러나 지금은 상황이 달라졌다. 개인차가 있지만, 백혈병은 제대로 치료받으면 대부분 나을 수 있다.

이제 암 치료 기술의 발전을 조금 더 살펴보자. 항암제 치료는 암세포를 약으로 죽이는 치료법이다. 다만 암세포만 아니라 정상적인 세포에도 영향을 끼치기 때문에 몸 상태가 나빠진다. 또한 머리카락이 빠지고 구역질을 자주 하는 등 부작용도 크다. 이케에도 부작용으로 고통받는 상황을 블로그와 SNS에서 이야기했다.

암은 혈액뿐 아니라 몸속의 장기, 뼈, 피부 등 다양한 곳에서 나타난다. 어떤 암이든 암세포의 증식이 멈추지 않고 점점 늘어나는 것이 특징이다. 정상적인 세포는 지나치게 늘어나지 않도록 적절히 조절되지만, 암세포는 제멋대로 늘어난다. 게다가 정상적인 세포와 달리 역할을 제대로 하지 않는다.

장기에 생기는 암은 위암, 대장암, 폐암, 유방암, 자궁암 같은 식으로 장기의 이름을 붙인다. 지금도 모든 암을 치료할 수 있는 건 아니지만, 불치병으로 통했던 과거에 비하면 치료할 확률이 크게 높아졌다.

암이 다른 곳으로 퍼지는 것을 '전이'라고 하는데, 이곳저곳에 전이되면 수술로 전부 없앨 수 없다. 항암제처럼 암세포를 약으로 죽여 없애거나 암에 방사선을 쬐어서 죽이는 방사선 치료 방법도 있다. 그 밖에도 다양한 치료법을 연구 중이다. 최근 들어 치료법이 크게 발전한 덕분에 암에 걸려도 낫는 사람이 늘었다.

유전 정보를 활용한 치료

암을 이해하려면 알아야 할 것이 있다. 바로 '유전자'다. 들어 본 적 있을 것이다. 조금 어렵겠지만, 미래 의료를 이해하기 위한 중요한 키워드이므로 짚고 넘어가겠다.

우리의 몸은 수많은 세포가 모여 만들어진다. 세포 속에는 '염색체'라는 오른쪽에 있는 그림처럼 생긴 부분이 있다.

염색체 수는 생물에 따라 다르다. 인간은 46개, 개는 78개이며, 양은 54개, 고양이는 38개다. 염색체(그림 왼쪽)는 모여 있는 상태(응축)지만 자세히 들여다보면 가는 실이 감겨 있는 듯 보이며(그림 가운데), 그 속에 회전하는 계단 같은 구조를 띤 DNA 물질이 가득 들어 있다(그림 오른쪽).

DNA 가운데 유전과 관계있는 부분을 '유전자'라고 부른다. 같은 인간이라도 얼굴 생김새나 체형 등은 저마다 다르다. "아버지를 닮아서 눈매가 뚜렷하구나."라든가 "애가 엄마를 닮아서 착해요." 같은 말을 들은 적 있는가? 이렇게 부모에게 물려받은 특징이 유전이며, 그것을 전하는 요소이기 때문에 '유전자'인 것이다.

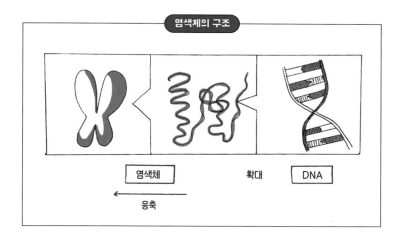

염색체의 구조

염색체 ← 확대 → DNA

응축

1944년과 1952년에 DNA가 유전 정보를 담당한다는 사실이 밝혀져 세계를 깜짝 놀라게 했다. 그 전까지는 유전 정보가 어떤 형태로 숨겨져 있는지 알지 못했다. 그 후, 이 분야는 큰 주목을 받으면서 수많은 연구를 통해 발전해 나갔고, 의학도 크게 발전했다.

살아 있는 인간의 몸은 세포 분열을 매일 반복한다. 이때 염색체도 복제품이 만들어진다. 복제를 할 때 그 안에 들어 있는 유전 정보도 대체로 정확하게 복제되지만, 낮은 확률로 복제가 실패하며 실패가 쌓이면 '암'의 상태가 되어 버린다. 암에 걸릴 정도로 유전자의 복제 실패가 쌓이려면 시간이 걸린다. 나이가 많은 사람이 암에 잘 걸리는 이유도 그 때문이다.

이와 같이 유전 정보가 많이 밝혀지면서 몇 가지 치료법이 생겼다. 그 예를 살펴보자.

분자 표적 치료제 지금 주목받는 치료약 중에 '분자 표적 치료제'가 있다. 참 멋진 이름인데, 한마디로 암세포만 노려서 공격하는 약으로 암을 치료하는 것이다. 분자 표적 치료법 덕분에 암으로 죽는 사람이 줄어들었다. 암세포만 노려서 공격하므로 정상적인 세포에는 피해를 주지 않는다. 부작용이 없어 환자도 좀 더 편해졌다.

모든 암에 대해 분자 표적 치료제가 개발되지 않았지만, 앞으로 종류가 점점 늘어날 것이다.

면역 관문 억제제 최근에 주목받는 또 다른 치료약으로 '면역 관문 억제제'가 있다. 2018년에 노벨 생리 의학상을 받은 혼조 다스쿠 교토대학교 명예교수 등이 개발한 것으로, 간단히 말해 암세포를 공격하지 않게 된 면역 세포가 다시 암세포를 적으로 인식하고 공격하도록 만드는 약이다. 암세포를 공격하는 환경을 다시 만드는 획기적인 치료법이다.

분자 표적 치료제나 면역 관문 억제제는 먼저 암의 유전자 형태를 조사해서 효과가 있는 유형인지 확인하고 쓴다.

암은 치료될 수 있는 병이 되고 있다고 말했지만, 아직도 일본인과 한국인의 사망 원인 1위를 지키고 있다. 그러나 약 10여 년

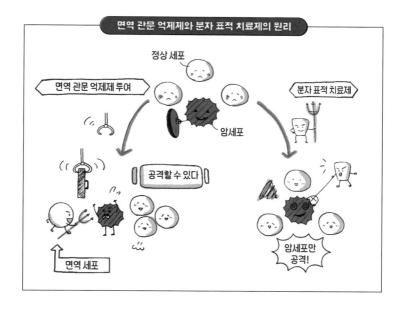

뒤에는 대부분 암이 치료되는 시대가 올 것이다. 그만큼 의료 기술은 눈부시게 발전하고 있다.

20년 후 더 발전할 미래

역사를 돌아보면 의학은 제2차 세계 대전이 끝난 1945년 이후에 급속히 발전하고 있다. 특히 최근 20년 동안은 속도가 더욱 빨라져서, 의학의 역사적인 전환점에 서 있다. 커다란 변화를 겪고 있는 셈이다. 의료는 앞으로 10~20년 사이에 크게 바뀔 것이다. 여러분이 대학교에 진학하고, 의료계에 들어와서 실제 현장에 서게 될 무렵이다.

그때는 현재 의사가 하는 일 중 절반 이상을 AI가 대신할 수도 있다. 진료실에서 환자의 가슴에 청진기를 대고 심장이 뛰는 소리를 확인하는 풍경은 볼 수 없을지 모른다. 진단, 치료, 신약·의료 기기 개발, 긴급 구조·응급 처치, 질병 예방 등 의료 현장을 둘러싼 온갖 분야에서 기술 혁신이 일어나 지금과 전혀 다른 모습이 될 것이다.

의사는 사람의 병을 고치는 멋진 직업이다. AI한테 할 일을 전부 빼앗겨 사라지지 않을지 걱정하는 사람도 있겠지만, 그렇지 않다. 다른 역할을 맡게 될 뿐이다. 오히려 의사가 필요한 현장이 늘어날 수 있다. 눈앞의 환자를 청진기로 진찰하고 약을 처방하는 현재 의사가 하는 역할과는 크게 달라질 것이다.

컴퓨터로 유전자를 해석하는 기술

유전자 이야기를 조금 더 하자면, 옛날에 원인을 알 수 없어 치료가 불가능했던 병도 지금은 환자의 유전 정보를 해석해 치료할 수 있게 되었다. 엄청난 양의 유전 정보를 컴퓨터로 빠르게 해석하는 시대가 되면서 발전 속도가 더욱 빨라졌다. 특히 2000년대 이후, 유전자 해석 기술이 발전하면서 유전자는 의학의 중심이 되었다. 암을 일으키는 특정 유전자를 직접 치료하는 분자 표적 치료 같은 기술이 점차 실용화되고 있다.

이 영역의 연구는 20세기부터 백혈병·유방암·위암·대장암의 치료법 개발로 이어졌지만, 연구 속도가 빨라지고 본격적으로 성과가 나오기 시작한 것은 21세기에 들어서다. 2010년대 이후에는 치료가 어렵다고 여겼던 췌장암 같은 병을 적극적으로 연구하고 있다.

컴퓨터 기술은 앞으로도 암 치료에 크게 도움이 될 것이다. 특히 '빅 데이터'가 대표적이다. 빅 데이터는 본래 대규모 데이터를 가리키는 말이지만, 그런 데이터를 사용해서 무엇인가를 밝혀내려는 기술을 가리키는 말로도 쓴다. 의학에서는 환자의 유전 정보나 혈액·영상 검사 등의 정보, 암의 특징 등 전체적으로 방대한 데이터를 모은 다음 컴퓨터로 분석하는 식으로 활용된다. 지금은 환자 개개인의 정보를 담은 데이터를 축적하고 정리하는 단계에 있다. 연구를 거쳐 의료 현장에서 사용할 수 있게 된다면 암치료는 더욱 발전할 것이다.

암은 걸리는 사람에 따라 세세하게 유형이 달라진다. 그래서 같은 약을 사용해도 효과를 보는 사람과 보지 못하는 사람이 생긴다. 유명인이 암에 걸렸을 때 투병 생활과 치료법을 방송에서 이야기하거나 책으로 내는 경우가 종종 있다. 그걸 보고 같은 병에 걸린 사람이 유명인과 똑같은 치료를 받지만 효과가 없는 안타까운 사례가 드물지 않다. '같은 암인데 왜 효과가 없지? 그 유명인이 거짓말을 한 걸까?'라고 생각할지 모르지만 그건 아니다. 암은 사람마다 특징이 다른 병이다. 환자마다 병이 진행되는 방식과 치료되는 속도가 다르다. 그럼에도 굉장히 많은 데이터를 모으면 알게 되는 정보가 있다. 빅 데이터 기술을 활용하면 수많은 환자의 데이터를 모아서 암의 경향을 알 수 있다.

예를 들어 유방암의 어떤 유형은 유전자의 어디에 이상이 생기는지, 같은 유형의 암인 경우에 재발이 얼마나 많은지, 이 방법으로 치료하면 평균적으로 얼마만큼 살 수 있는지 등 데이터로 병의 상황을 알 수 있다. 또한 이런 분석을 활용해 사람마다 다른 맞춤형 치료를 할 수 있게 된다.

빅 데이터가 암의 치료에 최대한 활용된다면 치료될 확률이 지금보다 훨씬 높아질 것이다.

신종 코로나바이러스가 남긴 것

유전자의 해석 기술이 발전하면서 제4, 제5의 치료법이 개발되어 암이 낫는 사람이 늘고 있다고 말했는데, 전 세계를 고통에 빠트린 신종 코로나바이러스의 백신도 마찬가지다. 화이자와 모더나의 획기적인 메신저 RNA 백신이 불과 1년 만에 완성된 것은 유전자 해석 기술의 발전에 힘입은 바가 컸다. 세계 최초로 감염된 사례가 발생한 지 2개월도 되지 않아 신종 코로나바이러스의 유전 정보를 해석하는 데 성공했다. 그 덕분에 백신을 빠르게 개발할 수 있었는데, 만약 신종 코로나바이러스가 10년 전에 유행했다면 손을 쓰지 못해서 지금보다 더 큰 피해를 입었을지 모른다.

지금까지 인류는 수많은 질병을 극복해 왔다. 페스트, 콜레라, 두창, 디프테리아*, 스페인 독감……. 우리가 알고 있는 역사 속 감염병은 거의 '해결된 과제'가 되었다. 효과적인 백신이 개발되어 감염병이 거의 발생하지 않을 뿐 아니라 발생해도 치료법이 있어서 크게 문제되지 않는다. 신종 코로나바이러스도 앞으로 같은 길을 갈 것이다.

사람이 살다 보면 이런 감염병뿐 아니라 다양한 질병을 만나게 된다. 인생은 끊임없는 질병과의 싸움이라고 할 수 있다. 그러나 의학이 발전하면서 예기치 못한 순간에 사람이 죽는 일이 크게 줄었다. 올바른 치료를 받기만 하면 갑자기 잘못되어 죽는 일은 거의 없다.

인류는 신종 코로나바이러스와 싸우면서 무서운 속도로 백신을 개발하고 감염병이 우리 몸에 끼치는 영향을 밝혀내 치료법을 찾아냈다. 조금이라도 빨리 사회를 원래대로 만들고자 노력했고, 이런 노력이 의학을 한 단계 더 발전시켰다.

---

*디프테리아: 예방 접종을 하지 않은 어린이가 많이 걸리는 감염병으로 열이 나고 목이 아프며 호흡 곤란 등의 증상이 있다.

Q 피를 무서워하는 사람은 의사가 될 수 없나요?

A 그렇지 않습니다. 실제로 피를 봐야 하는 현장은 많지 않습니다.

의사가 하는 일은 매우 광범위합니다. 병원에서 일하더라도 평소에 피를 볼 일 없는 전문 분야가 많습니다. 아니, 오히려 보통은 피를 볼 일이 없는 경우가 더 많을지 모릅니다. 내가 아는 의사 중에는 아직도 피를 보면 기분이 나쁘다는 사람도 있습니다.

'의사=피를 본다'는 이미지를 가진 사람이 많은데, 드라마의 수술 장면이 큰 영향을 끼쳤을 겁니다. 그러나 외과 계열이 아니면 피를 봐야 하는 상황은 거의 없습니다.

저도 의과대학에 들어가기 전에는 그런 걱정을 했습니다. 그러나 막상 해부 실습이 시작되고 실제로 피를 보게 되어도 걱정했던 일은 일어나지 않았습니다. 주위의 동기 중에 피를 보고 기분이 나빠졌다는 경우는 100명 중 한 명뿐이었고, 그 친구도 지금은 내과 의사로 환자를 매일 진찰하고 있습니다. 진로를 정할 때, 이 점을 크게 신경 쓸 필요 없습니다.

Q 할아버지가 병으로 돌아가실 때 힘이 되어 드리지 못했어요. 어떻게 해야 아프거나 죽음을 앞둔 사람에게 도움이 될 수 있을까요?

A 가까운 사람의 병이나 죽음을 경험하는 건 자연스러운 일입니다.

할아버지처럼 가까운 사람이 병으로 쓰러진 일을 계기로 의사가 되겠다고 결심하는 사람은 상당히 많습니다. 잘못된 일이 아닙니다. 지금까지 수많은 의사를 지켜봤는데, 의사가 되겠다고 결심한 계기가 명확한 사람이 의사로서 더 크게 성장한다는 느낌을 받았습니다. 오랫동안 의사 생활을 하다 보면 힘든 일을 많이 겪으며, '그만둬 버릴까?'라는 생각이 들 때도 있습니다. 저도 그랬습니다. 너무 괴로운 나머지, 공부나 일을 하려는 의욕이 생기지 않을 때도 종종 있었습니다. 그럴 때 '내가 이 길을 왜 선택했지? 여기서 좌절하면 할아버지를 뵐 낯이 없어.' 같은 생각이 강한 동기 부여가 됩니다.

또한 의과대학에 들어온 학생과 이야기를 나눠 보면 이렇게 말하는 경우가 있습니다.

"제가 어릴 때 의사 선생님이 제 목숨을 구해 주셨어요. 그래서 저도 소아과 의사가 되어 아이들을 돕고 싶어요."

"제가 축구 대회에서 뛸 수 있도록 부상을 빠르게 치료하는 의사를 보고 멋지다고 생각해서 의사를 지망하게 되었습니다."

이런 친구들은 처음에 뜻을 뒀던 분야의 전문가가 되기도 하고, 공부하는 도중에 새로 알게 된 전문 분야의 의사가 되기도 합니다. 미래의 길은 하나가 아니며 매우 다양합니다.

명확한 계기는 의사가 되는 과정에서 정신적으로 도움이 됩니다. 공부할 것이 산더미인 학창 시절을 지나, 전문의가 되는 과정을 마친다고 끝나는 게 아닙니다. 의료계에서 일하는 한 계속 공부해야 하는데, 기나긴 여정 속에서 그 마음은 든든한 버팀목이 될 것입니다. 의사가 되고 싶다고 생각했을 때의 마음을 소중히 간직한 채 넓은 시야로 의료를 내다봅시다. 자신이 하고 싶은 일이나 잘할 수 있는 일을 찾게 될 겁니다.

Q 손재주가 없으면 의사가 되기 어렵다는 말을 들었는데 사실인가요?

A 손재주가 있는가, 없는가는 중요하지 않습니다.

의사에는 다양한 전문 영역이 있습니다. 예를 들어 외과 의사를 떠올려 봅시다. 여러분이 잘 아는 만화나 드라마에는 '신의 손'으로 불리며 불가능해 보이는 수술을 성공시키는 사람이 등장합니다. 그런 사람이 손재주가 좋은 건 어떤 의미에서는 당연합니다. 또한 외과 의사가 아니라 내과 의사로 일하더라도 환자에게 주사를 놓거나 내시경으로 몸속을 관찰할 때는 손재주가 필요합니다.

그런 의미에서 손재주가 있으면 좋은 것은 분명합니다. 다만 의료 기술이 점점 발전하면서 손재주의 필요성이 줄고 있습니다. 특히 여러분이 의료계에서 활약할 2040년에는 더욱 그럴 것입니다. 수술하는 로봇이 부족한 손재주를 보완해 주고, 팔 또는 손아귀의 힘이 약한 사람도 일할 수 있도록 도울 것입니다.

과거에는 대형 트럭을 운전하려면 핸들을 조작하는 힘과 기술이 중요했지만, 기계가 트럭의 움직임을 도와주는 덕분에 이제 힘이 좋아야만 운전하는 건 아닙니다. 더 나아가 자동차 운전은 자율 주행의 시대에 접어들 겁니다. 그리고 의학도 이와 비슷한 상황이 될지 모릅니다.

또한 의사가 하는 일은 정말로 다양합니다. 저도 손재주가 좋은 편은 아닌 데다가 왼손잡이라 선배에게 배울 때 꽤 고생했습니다. 그렇다고 일을 하는 데 심각한 문제가 있던 적은 없습니다. 지금 단계에서 손재주가 없다고 걱정할 필요는 없습니다.

Q 사람의 죽음을 보는 게 두렵지는 않나요?

A 두렵지 않게 되니 걱정 안 해도 됩니다.

사람이 죽는 것을 보는 일은 물론 두렵습니다. 그리고 의사로서 치료에 관여했을 경우는 무력감을 느끼기도 합니다. 치료에 깊이 관여하고, 그 기간이 길수록 무력감은 커집니다.

그러나 직업으로 계속하는 일이기에 한 사람, 한 사람의 '죽음'에 지나치게 얽매일 수 없습니다. 죽음에 대한 공포가 생겨 의사로 일할 수 없는 경우도 있냐는 의미라면, 그럴 걱정은 없습니다.

다만 두렵지 않게 되었다 해도 죽음은 죽음입니다. 삶과 죽음은 고귀한 것, 인간의 힘으로 어쩔 수 없는 것이라고 이해하는 자세가 중요합니다. 그렇다고 죽음에 지나치게 익숙해지면 안 됩니다. 오히려 환자나 환자의 가족이 '후회 없는 인생이었어.', '의사 선생님을 만나서 행운이었어.'라고 생각할 수 있도록 돕는 게 의사의 역할입니다.

Q 의사가 되고 싶지만 공부하기가 힘들어요.

A 의사가 되고 싶다는 마음을 잊지 마세요!

누구나 공부하는 것이 고통스럽게 느껴지는 시기가 있습니다. 저도 중고생 시절에는 그랬습니다. 특히 입시 공부를 할 때는 목표가 너무나도 멀게 느껴져 우울해진 적도 있습니다. 그러나 눈앞의 공부 자체가 목적이 아닙니다. 그 고통을 뛰어넘으면 의사가 되겠다는 목표에 가까이 다가갈 수 있습니다.

목표를 향해 노력한다는 건 그런 일입니다. 흥미 있는 일에는 자신도 모르게 몰두하게 되지 않습니까? 야구를 좋아하는 사람은 다음 경기에서 좋은 결과를 내려고 매일 러닝을 하거나 배팅과 수비 훈련을 합니다. 훈련 자체는 고통스럽지만 다가오는 중요한 경기에서 승리하겠다는 목표가 있으면 마음가짐도 달라지기 마련입니다.

마찬가지로, 공부 자체가 목적이 되면 괴로울지 모릅니다. 그러나 그 너머에 있는 목표를 생각하세요. 의사가 되어 병을 찾아내거나, 전문가가 되어 의료를 뒷받침할 로봇을 만드는 미래를 상상하면 공부가 즐거워질 것입니다. 좋아하는 과목, 잘하는 과목을 만들고 힘들더라도 조금씩 자신의 것으로 만들어 봅시다. 조급하게 생각하지 말고 한 걸음씩 앞으로 나아가길 바랍니다.

일본 세균학의 아버지, 기타사토 시바사부로

　"위인에게 배운다."는 말이 있다. 그런데 역사상 유명한 인물에게 배우라는 말을 들어도 무엇을 어떻게 배워야 할지 몰라 막막했던 적은 없는가? 어릴 때 나는 그랬다. 위인전을 읽어도 이해가 안 됐고, 어떻게 도움이 될지 알 수 없었다. 히포크라테스, 에드워드 제너*, 루이 파스퇴르, 로베르트 코흐** 등이 '의학'이라는 학문의 발전에 큰 역할을 했다는 건 안다. 하지만 그 시절과 비교하면 과학 발전의 속도도, 나의 상황도 크게 다르다. 대체 무엇을 어떻게 배워야 하는 걸까?

　내가 추천하는 방법은 그 사람이 이루어 낸 업적의 의의를 머릿속에 떠올려 보는 것, 그리고 그 업적을 이루기까지 얼마나 힘들고 의지가 필요했을지를 상상해 보는 것이다.

　여기서는 일본 근대 의학을 뿌리내리게 한 기타사토 시바사부로(1853~1931)를 소개하겠다. 구마모토현에서 태어난 기타사토는

---

*에드워드 제너: 두창을 예방하는 종두법을 개발한 영국의 의사이다.

**로베르트 코흐: 독일의 세균학자로, 특정 감염병의 원인이 되는 세균을 발견하는 네 가지 가설을 제안하여 세균학 연구에 큰 공헌을 했다.

어릴 때 교육열이 뜨거운 부모의 뜻에 따라 한학과 국문학을 친척에게 배웠다. 그 후 구마모토 의학교에 진학했는데, 그곳에서 의학을 배우며 큰 관심이 생겼다. 그래서 더 깊게 공부하고자 도쿄제국대학교(현재의 도쿄대학교) 의과대학에 진학했다. 여기까지도 쉽지 않았지만, 기타사토는 한 발 더 나아가 독일로 유학을 떠났다. 도쿄에서 공부하면서 흥미를 느낀 감염학을 더 연구하기 위해서였다.

기타사토는 독일의 베를린의학연구소로 찾아가 감염병의 세계적인 권위자인 로베르트 코흐의 제자가 되었다. 코흐는 동아시아에서 온 기특한 젊은이를 제자로 받아들이고 열심히 지도했다. 기타사토의 열의가 통한 것이다.

독일에서 열심히 연구를 계속한 기타사토는 '파상풍'의 원인균을 세계 최초로 추출하는 데 성공했다. 파상풍은 신경에 이상이 나타난 뒤 금방 사망에 이르는 무서운 병으로, 당시는 치료법이 없었다. 연구를 더 진행한 기타사토는 혈액 속에 항체(병에 대항하는 물질)를 만들어 낼 수 있도록 파상풍의 균을 소량씩 동물에게 주사하는 '혈청 요법'을 새롭게 개발했다.

혈청 요법의 원리는 21세기인 지금도 신종 코로나바이러스 같은 새로운 감염병 치료에 이용되고 있다. 또한 혈청 요법을 다른 무서운 감염병인 디프테리아에도 응용해, 동료인 에밀 폰 베링과 협력해 완성시켰다.

이런 훌륭한 업적으로 유명해진 기타사토는 전 세계 대학교와 연구소로부터 연락을 받았지만 일본 의학계에 공헌하기로 결심하고 1892년에 귀국했다. 그리고 독일과 일본의 의학 연구와 진료의 질에 큰 차이가 있음을 깨닫고 일본에 제대로 된 의학 연구 시설을 세우는 데 모든 노력을 쏟아부었다.

그 후에도 기타사토는 페스트가 유행하던 홍콩에 파견되어 페스트균을 발견하고 광견병과 인플루엔자, 이질*, 발진티푸스 등의 치료법을 개발하는 등 다양한 업적을 남겼다.

기타사토는 연구자로서 업적을 남겼을 뿐 아니라 수많은 인재를 배출하는 학교와 연구소를 만들어 일본 의학에 공헌했다. 설립에 직접 관여한 게이오기주쿠대학교 의과대학, 기타사토대학교와 도쿄대학교(의과학 연구소)뿐 아니라 일본에 있는 대부분 대학교의 의학 교육이 그 흐름을 잇고 있다.

---

*이질: 발열과 복통을 일으키는 급성 전염병으로, 여름철에 많이 생긴다.

3장

로봇과
함께 일하는
미래 의료계

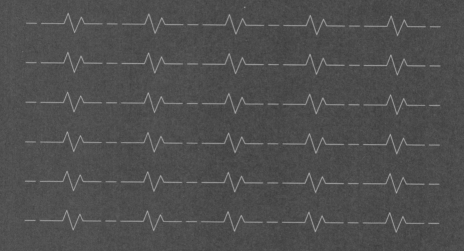

의료 기기가 진화하고 있다

기술이 진보한 덕분에 전에 할 수 없던 일을 할 수 있게 된 사례는 여럿 있다. 미래에는 의료 현장에서 의료 기기가 어떻게 바뀔지 소개해 보겠다.

수술을 보조하는 로봇 수술 보조 로봇은 이미 수술실에서 활약하고 있다. 1990년대 미국에서 개발된 수술 지원 로봇인 '다빈치'는 내시경 카메라와 로봇 팔이 달려 있어서, 의사가 3D 영상을 보며 수술 조작을 한다. 예를 들어 췌장의 뒤쪽에 있는 혈관을 봉합하는 어려운 외과 수술을 생각해 보자. 의사가 수술을 하려고

배를 연 다음, 다른 장기를 좌우로 밀어 헤치고 손가락을 움직여서 작업해야 하기 때문에 시간이 오래 걸리고 환자의 몸에도 손상을 줄 수 있다. 그러나 로봇이 수술하면 사람의 손으로 불가능한 각도에서 메스(수술칼)를 댈 수 있어 수술이 편해진다. 정확도도 인간 의사는 1밀리미터 절제에 성공하기만 해도 '신의 손'으로 불리지만, 로봇은 그 10분의 1도 일정하게 절제할 수 있다. 이처럼 다빈치 로봇은 인간의 손으로는 물리적으로 닿지 않는 부위의 수술이나 밀리미터 단위의 정밀한 조작을 가능하게 했다.

폐암을 절제하는 수술처럼 어떤 한 가지 수술에만 400개가 넘는 절차가 있다. 또한 수술을 원활하게 진행하려면 고도의 의료 기술이 필요하다. 앞으로 다빈치 로봇에 AI를 탑재하면 수술 절차를 개선해 시간을 줄일 수 있으며, 환자의 몸을 크게 절제하지 않아도 된다. 미국에서 탄생한 다빈치 로봇 외에도 다양한 수술 로봇이 개발되어 현장에서 쓰이고 있다.

암세포를 가르쳐 주는 메스 수술 중에 외과 의사를 돕는 안내 기능이 있는 메스가 개발되었다. 자동차로 치면 내비게이션 같은 것으로, 암을 절제할 때 암세포인지 정상 세포인지를 메스가 가르쳐 준다. 절제하려는 조직에 메스를 댄 순간, 메스가 조직을 분석하고, 그 데이터를 바탕으로 암세포인지 정상 세포인지를 의사에게 즉시 알린다.

이 기술이 임상 현장에서 사용되면 암을 절제하지 못하고 남겨 놓는 일이 없어지므로 재발이나 전이의 위험성이 줄어든다. 또한 경험이 충분치 않은 의사가 수술할 때도 이 메스를 쓰면 숙련된 의사처럼 '여기는 암세포가 아니니까 잘라 내지 말고 남기자.'라 고 망설임 없이 판별해 수술하는 범위를 최소로 줄일 수 있다.

손재주가 없는 사람은 외과 의사가 되기 어렵다고 생각할 수 있다. 손재주가 있는 것도 좋지만, 앞으로 수술을 도와주는 이런 기술이 발전한다면 개인의 기량 차이는 줄어들 것이다. 또한 수술의 질이 향상되고 의료 사고를 방지할 수 있다.

의료 기기가 의사를 돕는다

혈관을 잘 보이게 만드는 조명 검사를 하려고 혈관에 바늘을 꽂아 피를 뽑거나 주사를 놓는 의사나 간호사를 보면서 '솜씨가 좋구나!' 혹은 '솜씨가 별로네.'라고 생각한 적 없는가?

혈관이 노화한 고령 환자나 같은 치료를 반복해서 혈관이 굳어 버린 환자는 피를 뽑거나 정맥 주사를 놓기 어렵다. 피를 제대로 뽑을 수 있는 혈관을 찾을 수 없기 때문에 바늘을 몇 번씩 꽂았다 뺐다가 하며, 그러는 사이 피부 속에 출혈이 생겨 퍼레지기도 한다.

이런 상황에 도움을 주는 기술이 개발되고 있다. 피부 표면에 특수한 빛을 쬐면 어디에 혈관이 있으며, 어떤 혈관에 바늘을 꽂으면 쉬운지 표시해 주는 '내비게이션 조명'이다. 이 조명이 보급되면 손재주가 좋은 사람과 그렇지 못한 사람 사이의 격차는 줄어들 것이다.

피를 쉽게 뽑을 수 있도록 돕는 기술이 개발된 가운데, 머지않은 미래에는 피를 뽑지 않아도 혈액 데이터를 얻게 될 것이다. 혈액을 몸에서 빼내지 않고도 어떤 물질의 유무나 혈액 속 농도를 알아낼 수 있다면 굳이 채혈할 필요가 없다.

예를 들어 혈액 속 포도당의 농도가 높아지는 당뇨병을 생각해 보자. 당뇨병에 걸리면 혈액에 들어 있는 포도당 농도, 즉 혈당치를 지속적으로 살펴야 한다. 그런데 채혈하지 않아도 혈당치를 측정할 수 있는 기기가 이미 임상 현장에 등장했다. 팔에 패치를 붙이기만 해도 혈당치를 알 수 있다. 패치에 붙어 있는 아주 작은 바늘들이 피부를 살짝 찔러서 피부 속 포도당 농도를 측정하고, 그 수치를 바탕으로 혈당치를 계산하는 방식이다. 또한 작은 바늘조차 쓰지 않고 몸 밖에서 적외선으로 측정하는 장치도 개발 중이고, 정확도도 점점 향상되고 있다.

건강 진단을 할 때 혈액을 뽑아 얻은 데이터를 바탕으로 콜레스테롤 수치나 빈혈 여부를 판단하는데, 적외선을 혈관에 대기만 해도 데이터를 바로 알 수 있는 날이 머지않았다.

몸속에서 활약하는 마이크로 로봇

로봇을 아주 작게 만들어서 인간의 몸속에 집어넣어 병을 치료하는 기술도 발전하고 있다. 애니메이션 〈도라에몽〉에서 스몰 라이트*로 줄어든 노진구가 이슬이의 몸속에 들어가 몸의 이상을 조사하는 내용이 있는데, 이것을 의료계에서 실용화했다고 생각하면 된다.

이미 완성된 기술을 몇 가지 소개하면, 캡슐형 카메라가 위나 창자 속의 사진을 찍어서 병이 있는 부분을 찾아내는 '캡슐 내시경'이 있다. 몸속을 자세히 조사해서 보고한 다음, 시간이 지나면 변과 함께 나온다.

---

*스몰 라이트: 주인공 도라에몽이 가진 비밀 도구 중 하나로, 물체를 작게 만드는 데 쓰는 손전등이다.

'전지 구출 로봇'은 말랑말랑한 특수 소재로 만든 캡슐 속에 자석을 심어 넣은 것이다. 어린아이가 장난감 속 단추형 전지를 삼키는 사고가 생겼을 때 전지를 꺼내는 용도로 쓴다. 몸속에 들어간 로봇이 수분을 흡수해 말랑말랑한 소재의 캡슐을 녹이고 나와 전지를 찾아 위를 돌아다닌다. 로봇이 잘못 삼킨 단추형 전지를 찾으면 자석으로 붙잡은 뒤, 소화 기관에 따라 몸 밖으로 나온다.

캡슐 내시경도, 전지 구출 로봇도 크기는 다르지만 용도에 맞춰 인간의 힘으로 불가능한 일을 돕는 강력한 도구다. 또한 현재 활약하는 마이크로 로봇보다 훨씬 작은 로봇도 개발 중이다.

몸에 약물을 전달하는 로봇

'하루 세 번 식후에 물과 함께 먹는다.'처럼, 약에는 정해진 복용법이 있다. 그런데 깜빡 잊었거나 귀찮아서 약을 먹지 않은 경험이 누구나 있을 것이다. 이런 문제를 해결하기 위해 약의 효과가 몇 시간에 그치지 않고, 더 오랫동안 이어지도록 몸속에서 천천히 녹는 약이 있으면 좋겠다고 생각해 본 적 없는가?

우리는 특정한 부위에 효과가 생기길 바라고 약을 먹는다. 신장약은 신장에, 간장약은 간에 도달한 뒤에 효과가 생기길 바란다. 암 치료라면 몸속에서 암세포가 모여 있는 곳에 약이 도달한 뒤, 효과가 나타나는 게 이상적이다.

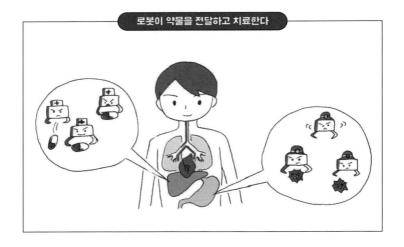

기대하는 부위에 기대하는 양의 약물을 보내는 기술을 '약물 전달 시스템'이라고 부른다. 뛰어난 수준의 공학과 생물학 기술을 사용해 아주 작은 것을 만드는 나노* 테크놀로지가 발전하면서 약물 전달 시스템도 발전하고 있다.

최첨단 기술을 사용해, 아주 작은 캡슐 속에 약을 집어넣어 필요한 곳에만 보내기 때문에 효과가 높아지는 동시에 불필요한 부작용도 줄일 수 있다. 이 캡슐은 약의 종류에 따라 '나노미터'부터 '밀리미터' 단위까지 크기를 조정할 수 있다. 몸속에 약을 전달한 뒤 사라지는 이상적인 전달 시스템이다.

공상 과학 소설처럼 들릴지 모르지만, 이런 뛰어난 의료 기술

---

*나노: 난쟁이를 뜻하는 그리스어 나노스(nanos)에서 나온 말이다. 나노의 단위인 1나노미터(nm)는 10억 분의 1미터(m)로, 사람 머리카락 굵기의 10만분의 1에 해당한다.

은 30년 안에 단순히 약을 전달하는 데 그치지 않고 더욱 폭넓게 실용화될 것이다.

예를 들면, 약을 실은 로봇이 몸속을 돌면서 비정상적인 세포를 발견해 치료하는 '치료 로봇' 같은 것도 연구 중이다. 로봇에 항암제를 싣는다면 암세포를 찾아내 공격함으로써 정상 세포를 죽이지 않고 암세포만 없앨 수 있다. 아직 약으로 치료하기 어렵다고 알려진 인지증(치매)이나 다른 신경병을 대상으로도 연구가 진행되고 있다. 이런 기술이 실용화된다면 환자에게 부담을 주지 않고 병을 치료할 수 있다.

말하지 않아도 생각을 읽는 기술

'이심전심'이라는 말이 있다. 문자나 말을 쓰지 않고도 서로 마음이 통하는 것을 의미한다. 현재 사람의 뇌와 기계를 연결해서 생각을 떠올리는 것만으로도 기계를 조작할 수 있는 이심전심 기술이 개발되고 있다.

'뇌-기계 인터페이스'의 앞 글자를 따서 '비엠아이BMI, Brain Machine Interface'라고 부른다. 의료계에서 쓰는, 비만도를 가늠하는 지수인 비엠아이BMI, Body Mass Index와는 다르다. 여기서 말하는 BMI 기술은 뇌파 등을 이용해 인간의 생각을 읽어 낸다. 예를 들면, 머릿속에서 생각한 말이 키보드를 거치지 않고도 컴퓨터에 그대로 입력되고, 말로 전하지 않아도 기계가 사람의 뇌파를 통해 머릿속을 감지해 생각한 대로 움직인다.

근육을 움직이는 운동 신경에 이상이 생기는 루게릭병(근위축성 측삭 경화증)을 들어 본 적 있을 것이다. 루게릭병은 난치병 중 하나인데, 증상이 진행되면 원하는 대로 힘을 줄 수 없어서 누운 채로 생활하게 된다. 현재는 루게릭병 환자가 문자판을 눈으로 좇아서 가족이나 돌보는 사람에게 읽게 하거나, 시선을 조금씩 움직여 지시를 전달하는 특수한 키보드를 조작하는 방법으로 자신의 생각을 표현한다. 본인에게나 가족에게나 매우 번거로운 방법이다. 하고 싶은 말을 전부 전하기 어렵기 때문이다.

그러나 BMI 기술이 실용화되면 컴퓨터나 스마트폰이 환자의 생각을 그대로 감지할 수 있다. 목이 마른 상황에서 보리차와 오렌지주스 등 선택지가 몇 가지 있을 때, "오렌지주스를 마시고 싶어."라고 상대에게 즉시 전할 수 있다. 루게릭병 환자뿐 아니라 사고로 척수가 손상되어 몸을 움직일 수 없는 사람도 쓸 수 있다. 특별히 병에 걸리지 않았지만 몸의 기능이 점점 약해지는 노인이 의사소통하는 데도 도움이 될 매우 중요한 기술이다.

이 기술은 지금 실용화를 위해 빠르게 연구 중이며, 실험에 성공했다는 논문도 여러 편 발표되었다. 고령화 속도가 빨라지고 있기 때문에 여러분이 사회에서 활약할 무렵에는 BMI 기술이 사회에 크게 활용될 것이다.

의료에 응용한 엔터테인먼트 기술

'가상 현실VR, Virtual Reality'이라는 말을 들어 본 적 있는가? 특별 제작한 고글이나 안경을 쓰고 보는 영상에서 마치 그 장소에 실제로 있는 것 같은 감각을 맛볼 수 있는 기술이다. 영화나 게임뿐 아니라 여행을 떠나기 어려울 때, 풍경을 보며 여행 간 기분을 느낄 수 있는 서비스가 실제로 존재한다.

의료 현장에서 이 VR 기술을 도입하고 있다. 경험이 부족한 젊은 의사가 실제 환자 없이도 효율적인 훈련을 할 수 있도록 VR로 수술을 가상 체험하게 하는 것이다. 돌봄 현장에서 일하는 사람들이 '인지증 환자는 어떤 시선으로 사물을 바라보는가?'를 체험할 때도 VR 기술을 활용한다. 돌봄을 받는 사람이 어떤 기분인지, 어떤 부분에서 어려움을 겪는지를 알면 일이 훨씬 수월해지기 때문이다.

현실에서 일어나지 않은 일을 현실처럼 보여주는 VR 기술 이외에 실제로 일어나는 일의 현장감을 높이는 '증강 현실AR, Augmented Reality'도 자주 사용된다. VR과 AR은 21세기에 들어와서 등장한 새로운 기술이다. 이렇게 인간의 능력을 확장시키는 것을 통틀어서 '인간 확장 기술'이라고 부르기도 한다. 공상 과학 소설에나 나올 법한 기술이 점점 실용화되어서 의료 현장을 바꿔 나갈 것이다.

'홀로그램'은 영상을 입체적으로 기록해서 비추는 기술이다.

테마파크, 박물관, 콘서트, 영화관 등에서 본 적 있을 것이다. 홀로그램 기술은 의료 현장에도 응용되고 있다. 병원에서 다양한 상황에 편리하게 사용할 수 있다.

환자는 수술받기 전에 주치의에게 설명을 듣는데, 의사가 장기나 질병을 종이에 그리면서 설명하는 경우가 많다. 그러나 환자는 자신의 몸에 일어난 문제에 관해 설명을 듣는 것이기 때문에 어려운 설명이 머릿속에 들어오지 않을 것이다. 수술에 관해 의사가 차근차근 설명해도 혼란스러울 뿐이다. 이때 의사가 홀로그램 기술을 사용하면 환자에게 설명할 수술이 2차원이 아니라 3차원으로 표시되므로 환자가 어떤 수술인지 상상하기 쉬워진다.

또한 게임 속 아바타 같은 캐릭터가 병원 내부를 안내해 주거나 자신의 대역을 맡아 주면 힘든 병원 생활도 조금 즐거워지지 않을까?

장기를 교체하는 기술

위를 잘라 내면 음식물을 소화하지 못하며, 신장 두 개 중 한쪽을 떼어 내면 몸속에 쌓인 불필요한 노폐물을 충분히 몸 밖으로 내보내지 못해 혈액이 질척해진다.

전구를 갈아 끼우듯이 장기를 교체할 수 있을까? 일부는 지금의 의료 기술로도 불가능하지 않지만 넘어야 할 산이 매우 높다.

가장 큰 이유는 인공 장기를 만들기 어렵기 때문이다. 인공 장기를 만들지 못한다면 다른 사람에게 장기를 받는 수밖에 없다. 예를 들면, 죽은 사람에게 기증받거나 가족 중 누군가 장기 이식을 해 주는 것이다.

그런데 2000년경부터 몸속에 있는 여러 장기 세포의 부품을 인공적으로 만들 수 있게 되었다. 그중 하나가 야마나카 신야 교수가 처음 만들어, 2012년 노벨 생리 의학상을 받게 한 '역분화 줄기세포iPS, induced Pluripotent Stem Cells'이다. iPS는 몸의 다양한 세포나 조직으로 분화되는 능력을 지닌 만능 세포 중 하나로, 세포의 유전 형질을 변화시킨 후 배양하여 만든다. 이미 iPS를 이용해 눈의 각막 세포를 만드는 데 성공했으며, 무릎 연골을 만들어 이식하거나 심근 조직을 만들어 심장에 이식하는 등 다양한 병을 고치기 위한 임상 응용이 진행 중이다.

의료에 쓰이는 3D 프린터

3D 프린터로 장기를 인쇄해서 만드는 시대가 올 것이다. 2021년부터 온몸의 뼈, 눈, 폐 같은 장기의 제작이 이미 시작되었다. 앞으로 기술이 발전하면 더 많은 장기를 만들 수 있을 것이다.

3D 프린터는 여러분이 '프린터'라는 말을 들었을 때 떠올리는, 종이 위에 잉크로 글자를 인쇄하는 기계가 아니다. 3D 프린터는

다양한 재료를 이용해 입체적인 인쇄물을 만들어 낸다. 굵기나 색을 자유롭게 설정할 수 있으며, 환자의 영상 데이터를 이용해 정밀한 설계도를 그리면 인간의 장기와 똑같은 모양을 만들 수 있다. 모양이 똑같아도 기능이 갖춰져 있지 않으면 의미가 없지 않느냐고 생각하겠지만, 기능 면에서도 장기의 역할을 해낼 수 있다. 그래서 인공 장기를 만들 때는 잉크에 해당하는 재료로 iPS 등 재생 의료 기술로 만든 세포를 사용하며, 이것을 3D 프린터가 장기의 모양으로 만들어 준다.

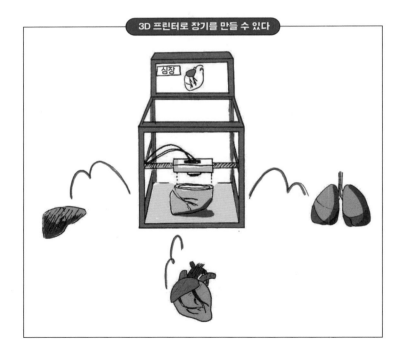

3D 프린터로 장기를 만들 수 있다

약간 다른 이야기이지만, 쇠고기 스테이크를 3D 프린터로 만드는 기술은 이미 완성되었다. 이스라엘의 한 회사가 개발했는데 냄새, 맛, 식감 등이 진짜와 차이가 없는 쇠고기 스테이크를 만들었다. 눈을 감고 집중해서 맛을 느껴 봐도 3D 프린터로 만든 것을 눈치챌 수 없을 정도라고 한다. 이 기술이 실용화되면 당뇨병 때문에 칼로리를 제한하거나 이가 좋지 않아서 쇠고기를 씹을 수 없게 된 사람도 스테이크를 즐길 수 있게 될 것이다.

다시 본론으로 돌아가, 미래에는 거의 모든 인간의 장기를 3D 프린터로 인쇄해 사용할 수 있는 날이 올 것이다. 장기를 전구처럼 교체하는 것은 인간의 오랜 꿈이다. 아직 모든 기능이 밝혀지지 않은 장기도 있지만, 대부분은 어떤 기능을 하는지 밝혀졌다. 어떤 기능을 하는지 밝혀지면 그 장기를 인공적으로 만들 수 있다. 다음의 장기들은 실제로 인공 장기를 만드는 일이 어느 정도 진행되고 있다.

피부 심한 화상으로 넓은 범위의 피부가 손상되면 인간은 생명을 유지할 수 없다. 피부는 몸을 외부로부터 보호하고, 몸이 온도와 습도 등의 환경을 최적으로 유지하도록 만드는 중요한 역할을 한다. 또한 피부가 몸의 내부를 외부와 완전히 격리시키는 것이 아니라 폐처럼 호흡해서 외부로부터 신선한 공기와 수분을 받아들이고 불필요한 물질을 배출하게 만든다.

이렇게 중요한 피부를 잃어버린 환자는 지금까지 콜라겐이나 실리콘 같은 재료로 응급 처치를 해 왔는데, 이제 환자의 피부를 이용해서 배양한 피부 조직을 사용하는 치료가 시작되었다. 앞으로 여기에서 더 나아가 꼭 환자의 피부를 이용해서 배양할 필요가 없거나 3D 프린터 기술을 이용해 환자에게 딱 맞는 인공 피부를 만드는 기술이 완성된다면 인류는 피부가 손상되어서 목숨을 잃는 비극으로부터 벗어날 것이다.

심장·혈관 인공 심장은 지금까지도 다양한 방법으로 시도되고 있다. 펌프 기능을 대신하는 보조 인공 심장은 금속으로 만든 날개를 몸속에 집어넣고 회전시켜서 혈액을 보내는 방식으로, 이미 실용화된 기술이다.

또한 재생 의료 기술을 이용한 심근 조직은 임상 현장에서 사용할 수 있는 단계까지 와 있다. 환자 본인에게서 채취한 세포를 사용해 심근 조직을 만들어 장애를 입은 심장의 일부를 되살리는 방법이다. 다만 현재 제작되는 심근 조직은 평면적인 형태여서, 심장의 일부만 되살릴 수 있다. 심근 조직을 만드는 재생 의료 기술만으로 입체적인 심장을 만들기는 어렵다. 그래서 재생 의료 기술과 3D 프린터 기술을 조합해 심장을 새로 만들려는 연구가 진행되고 있다. 잉크에 해당하는 재료를 재생 의료 기술로 만든 다음, 3D 프린터를 사용해서 입체적인 형태로 만드는 것이다.

'3D 프린터'라는 공학적인 방법과 '재생 의료'라는 의학적인 방법을 조합해 인간이 태어날 때부터 지니고 있던 심장과 똑같은 형태로 교체할 날도 언젠가 올 것이다. 또한 이 기술을 이용해 심장뿐 아니라 폐, 간, 신장 등 다양한 장기의 개발이 진행되고 있다.

폐 신종 코로나바이러스에 감염되어 증상이 심각한 환자를 치료할 때 '에크모ECMO' 기계를 사용한다는 이야기를 뉴스로 들어 봤을 것이다. 에크모는 정확히 '체외막 산소 공급 장치'라고 부르며, 일시적으로 심장이나 폐의 기능을 대행하는 인공 장기의 일종이다. 에크모는 환자의 몸 밖으로 혈액을 빼낸 뒤, 산소를 공급해 다시 몸속에 넣어 준다. 다만 병원에서 전문의나 의료진이 계속 확인하면서 써야 하는 장치이기 때문에 아무 데서나 쓸 수 없다. 또한 에크모는 몇 주 이상 쓸 수 없기 때문에 에크모를 쓰는 동안에 심장이나 폐를 치료해야 한다. 이 장치는 어디까지나 임시방편일 뿐이다.

그래서 인간의 몸에 심어서 장기적으로 쓸 수 있는 인공 폐를 만들고자 전 세계에서 연구가 활발히 진행되고 있다. 인공 폐가 완성되기까지는 시간이 더 필요하지만, 인공으로 만든 작은 폐 조직을 3D 프린터를 사용해 입체적으로 조립하는 기술이 완성된다면 에크모 같은 임시방편 기술에 의존하지 않아도 된다.

간·신장 간은 어른의 경우 1킬로그램이 넘는 커다란 장기다. 인공 장기로 간 전체를 이식하려면 시간이 더 필요하겠지만, 부분적인 간 이식은 2030년경에 가능해질 것이다.

또한 신장은 기능이 극도로 나빠지면 혈액을 정기적으로 청소하는 투석 치료를 받아야 하는데, 투석 치료를 받는 환자는 일주일에도 몇 번씩 병원에 가야 하기 때문에 생활에 어려움이 많다. 그런 환자에게 인공 신장은 하루 빨리 완성되기를 바라는 기술이며, 그렇기에 수많은 사람들이 연구에 몰두하고 있다.

눈 실명한 사람에게 각막*을 이식하는 수술은 현재의 의료 현장에서도 실시되고 있지만, 다른 사람의 각막을 이식하는 수준에 불과하다. 그렇기 때문에 이식하려면 각막 제공자가 있어야 한다. 그러나 인공 각막을 만드는 기술이 발전하면 다른 사람에게 의지하지 않아도 된다. 병으로 시력을 잃은 사람의 각막을 인공 각막으로 교체하면 글자를 읽을 수 있는 수준까지 회복된다.

각막 외에도 보는 기능에 없어서는 안 될 망막**에 관한 연구도 진행되고 있다. 인공 망막의 개발은 오랫동안 굉장히 어려울 것으로 여겨졌지만, 현재는 손에 닿을 수 있는 거리까지 왔다.

---

* 각막: 안구 앞쪽 표면에 있는 투명하고 혈관이 없는 조직으로 흔히 '검은자위'라고 부르는 부분을 덮는 막이다. 눈을 외부로부터 보호하고, 빛을 통과·굴절시켜 물체를 볼 수 있게 해 준다.

** 망막: 물체에서 반사된 빛은 각막을 지나서 동공을 통해 수정체로 들어온다. 이 빛은 수정체를 지나 유리체를 통과하여 망막에 상을 맺는다. 망막에 분포한 시각 세포가 이 빛의 자극을 시각 신경을 통해 대뇌로 전달하면, 우리는 비로소 물체를 인식하게 된다.

다양한 분야와 협력할 미래의 의료 기술

지금까지 미래에 의료 기술이 얼마나 발전할지를 소개했는데, 많은 기술의 바탕에는 IT가 자리하고 있다. 앞으로는 '기술의 개발'이라는 목표를 향해 다양한 분야의 사람들과 협력해야 할 것이다. 다른 분야에 있는 사람의 힘이 중요하며, 공학이나 경제학 등 의학 이외의 발상이 의학 발전에 크게 이바지할 시대가 올 것이다.

그런 의미에서 병은 환자를 진찰하는 의사의 힘만으로 고치는 게 아니다. 수술 현장 하나를 봐도 로봇과 함께 일하는 시대가 찾아오면서 인간 의사의 역할이 변하고 있다. 지금은 인간 의사가 하는 일도 점차 로봇이 대신하게 될 것이다. 조만간 원격 조작으로 AI 의사가 수술을 하게 되면 인간 의사는 수술실에 들어갈 필요가 없어질지도 모른다.

여러분이 사회에 나설 무렵에는 '의료계에서 일한다'는 의미가 달라질 것이다. 여러분이 이 장에서 소개한 미래의 의료 기술이 발전하는 데 이바지하길 바란다. 미래를 상상하면서 자신의 진로를 생각해 보자.

Q 의료 기술이 발전해서 병이 사라지면 의사도 사라지지 않을까요?

A 장수하는 시대가 오면 오히려 의사가 할 일이 늘어날 것입니다.

나는 앞으로 점점 인간이 '죽지 않는' 시대가 올 거라고 생각합니다. 물론 인간
은 생물이기에 언젠가 죽을 운명이지만, 의학·의료 기술이 발전한 덕분에 수명
이 길어졌고 예상치 못하게 일찍 죽는 일도 줄어들었습니다.

'인간이 죽지 않는다면 의사도 필요 없지 않을까?'

이런 날카로운 의문을 품는 사람도 있을 겁니다. 그러나 의사는 지금과 다른 형
태로 병과 싸우게 될 것입니다. 병을 치료할 뿐 아니라 '예방하기' 위한 의학·의
료가 더욱 중요해질 것입니다.

아무리 의학·의료 기술이 발전하더라도 병이 완전히 사라지는 일은 없습니다.
앞에서도 이야기한 백혈병은 40년 전만 해도 대표적인 불치병이었습니다. 그러
나 지금은 대부분 죽을 걱정까지 할 필요가 없는 병이 되었습니다. 백혈병만이
아닙니다. 인류는 에이즈(AIDS, 후천성 면역 결핍증)나 혈우병*도 극복해 왔습
니다.

과거에 치료할 수 없던 병도 점점 치료가 가능해지고 있습니다. 앞에서 유전자
를 이야기했는데, 암도 암에 걸리기 쉬운 사람의 유전자에 관한 정보가 자세히
밝혀져 신약이 여럿 개발되고 있습니다. 다양한 병을 치료하게 되면서 미래의
의료 현장에서는 '인간은 의외로 잘 죽지 않는다.'가 새로운 상식이 될 수 있습
니다.

---

*혈우병: 작은 상처에도 피가 잘 나고, 잘 멎지 않는 유전병을 말한다.

Q 인류는 몇 살까지 살게 될까요?

A 인류의 수명은 120세가 한계라고 생각합니다.

장수하는 사람이 늘면서 '인생 100세 시대'라는 말도 들립니다. 일본인도 기대 수명이 계속 늘어나서 남성 81.64세, 여성 87.74세(2020년 기준)가 되었습니다.* 이런 추세라면 2060년경에는 여성이 기대 수명 90세를 넘길 것이라고 합니다. 여러분이 할아버지, 할머니가 될 무렵에는 기대 수명이 얼마나 더 늘어날까요?

본래 인간의 신체는 50세 정도까지 살도록 설계되어 있습니다. 아이를 낳고 키우는 일을 마친 뒤 다음 세대에게 바통을 넘길 뿐이라면 50년으로 충분합니다. 오히려 50년도 너무 긴 시간일지 모릅니다.

그런데 의학이 발전한 지금은 50세에 죽는 사람이 드뭅니다. 본래 설계가 50세이므로 심장, 신장, 관절 같은 몸의 부품은 50년 정도밖에 버티지 못합니다. 그래서 그런 부품을 교체하는 기술, 즉 인공 장기의 개발은 인류의 오랜 꿈이었습니다. 여러분도 알다시피 치아, 눈, 귀 등 몇 가지 인공 장기는 완벽하다고 말할 수 없어도 나름의 성능을 갖춘 상태입니다. 심장이나 신장은 좀 더 어렵기 때문에 완성되기까지 시간이 걸리고 있습니다. 가장 어려워 보이는 혈관은 21세기 후반이 되어야 개발의 윤곽이 잡힐 것입니다. 즉 교체할 수 있는 부품이 아직 충분히 갖춰지지 않았기 때문에 극단적으로 오래 살기는 어렵습니다.

현재 인류의 수명은 120세가 한계라고 생각합니다. 어떤 쥐를 예로 들어 보겠습니다. 어떤 쥐는 다른 종류의 쥐보다 수명이 세 배나 긴 것으로 알려져 있습니다. 세계 최대의 IT 기업인 구글은 거액을 투자해서 '그 쥐는 왜 수명이 긴가?'를 연구했습니다. 만약 인류의 수명이 지금의 세 배가 된다면 사람은 300세 이상 살 수 있을 테니까요. 장수에 관한 연구는 구글뿐 아니라 아마존을 비롯한 다른 IT 기업도 하고 있습니다. 모두 그렇게까지 오래 살고 싶지는 않으리라 생각하지만, 이런 연구도 진행 중이라는 사실은 알고 있는 게 좋겠습니다.

---

*한국인의 기대 수명은 남성 80.5세, 여성 86.5세(2020년 기준)이다. OECD 국가 중에서 기대 수명이 가장 높은 나라는 일본, 그 다음이 한국 순이다.

Q 의사는 일이 너무 많아서 건강이 나빠지지 않을까요?

A 그런 경우도 있지만, 건강을 뒷전으로 미뤄서는 안 됩니다.

의사로 일할수록 즐거움이 커져서 일하는 시간이 길어지기도 합니다. 그러나 쉬지 않고 계속 일만 하면 몸이 망가지고 맙니다. 실제로 그런 의사도 있습니다.

야근하는 날에 응급 환자나 입원 환자의 상태를 지켜보느라 밤을 꼬박 새우거나, 야근한 다음 날에 출근해서 환자를 진찰하거나, 휴일에 호출을 받고 긴급 수술을 하는 경우도 있습니다. 규칙적인 생활을 하지 못해 운동 부족으로 살이 찌고, 스트레스가 쌓여 병에 걸리기도 합니다.

일을 지나치게 많이 하는 것은 좋지 않습니다. 쉴 때는 쉬어야 합니다. 바쁘다고 해서 인스턴트 라면이나 편의점 도시락으로 때우지 말고 영양분이 골고루 든 식사를 해야 합니다.

여러분도 제때 꼬박꼬박 밥을 먹고 있습니까? 공부하기 위해서도 건강이 중요하므로 규칙적으로 생활하는 습관을 들여야 합니다. 의사 중에는 일이 너무 많아 자는 시간이나 쉬는 시간을 줄여서까지 일하는 사람도 있습니다. 이것은 사회가 해결해야 할 문제입니다.

지금 일본은 정부가 중심이 되어 '의사의 일하는 방식'을 바꾸고 있습니다. 여러분이 의사가 될 무렵에는 쉬는 날이 없을 만큼 바쁜 상황이 해결될 것입니다. 물론 급한 병이나 큰 병에 걸린 환자는 기다려 주지 않으므로 누군가와 교대로 24시간을 일해야겠지만, 의사 한 명이 희생해서 죽어라 일하는 일은 없어야 합니다.

정기적으로 운동해서 땀을 흘리거나 스트레스를 풀 취미를 갖는 등 건강을 신경 쓰면서 오랫동안 우수한 의사로 활약하는 사람도 많습니다. 어떤 직업이든 몸이 재산입니다. 바쁘더라도 건강을 관리하는 데 신경 쓰길 바랍니다.

2040년,
일상이 이렇게 달라진다!

미래에는 현실과 가상 현실의 구분이 사라질 것이다. 의료 분야에서 의사와 환자가 멀리 떨어져 있어도 진찰할 수 있는 온라인 진료가 이미 시작되었다. 앞으로는 온라인 진료가 더욱 발전해서 병원이나 의원에 가는 일이 줄어들 것이다. 몸에 부착한 초소형 센서(웨어러블 기기)가 몸의 변화를 빠르게 발견해 금방 치료할 수 있기 때문이다.

의료 이외의 분야로 눈을 돌리면, 드론이 이동 수단으로 사람을 태울 수 있을지 모른다. 그 밖에 자율 주행 자동차가 보급되어 이동이 편해지고, 물건이 자동으로 운반될 것이다.

산업과 환경은 최신 기술이 많이 사용되는 분야이다. 앞으로 논이나 밭에 작물을 심고 관리하는 작업은 로봇이 할 것이다. 제조업에서도 로봇이 물건을 만들고, 숙련된 솜씨가 필요한 작업도 AI가 할 수 있을 것이다.

해상 풍력 발전*이나 수명이 길고 저렴한 전지처럼 지구 환경

---

*해상 풍력 발전: 바다 위나 바닷속에 풍력 발전기를 설치해서 얻는 풍력 발전을 말한다.

에 피해를 덜 주는 에너지가 인기일 것이다.

로봇과 AI는 고령이거나 장애가 있는 사람의 재활과 생활의 질을 높이는 데 활용되며, 자유롭고 풍요로운 생활을 도울 것이다. 또한 먼 곳에 사는 친구나 가족과 경험 또는 감각을 공유할 수 있고, 반려동물이나 로봇과 대화할 수 있어 즐거움이 커질 것이다.

4장

의료계에서
일하려면
어떻게 해야 할까?

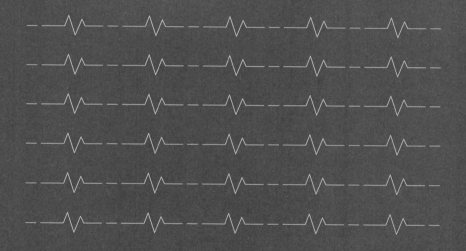

임상 의사와 연구자는 어떻게 다를까?

의과대학에 입학하는 것은 의사가 되기 위한 첫걸음에 불과하다. 지금까지 미래에는 의료와 의사의 역할이 어떻게 바뀔지를 이야기했는데, 이번 장에서는 의사가 되려면 구체적으로 어떻게 해야 하는지를 살펴보자.

의사가 되려면 첫 번째 고비인 종합대학의 의과대학 입학시험에 합격해야 한다. 그런 다음에 6년 동안 교육받고 의사면허 시험을 본다. 여기서 합격하면 임상 수련의*로 경험을 쌓은 뒤, 의사로서 본격적으로 일을 시작하게 된다. 의사면허 시험은 이틀에

---

*수련의: 전문의 자격을 얻기 위해 병원에서 수련하는 '인턴'과 '레지던트(전공의)'를 말한다.

걸쳐 실시되는데, 의사가 되기 위한 마지막 관문이지만 의과대학 졸업생의 90퍼센트 이상이 합격한다. 따라서 의과대학에 입학하는 첫 고비를 넘기면 의사가 되기 위한 첫걸음을 내디뎠다고 할 수 있다.

지금까지 '의사'를 뭉뚱그려 이야기했지만, 의사가 일하는 방식은 크게 두 가지로 나뉜다. 환자의 병을 치료하는 '임상 의사'와 주로 기초 의학 등 의학을 연구하는 '연구자'다. 또한 같은 임상 의사라 해도 일하는 방식이 다양하다. 대학 병원에서 일하는 의사도 있고, 개인 의원을 여는 의사도 있다. 개인 의원을 운영하는 의사는 경영, 간호사나 사무직 등 인재의 채용·관리와 같은 의료 이외의 역량도 어느 정도 키워야 한다.

의사가 되고 싶다면?

신종 코로나바이러스가 확산되면서 의료 현장의 힘든 상황이 각종 매체를 통해 보도되고 있다. 신종 코로나바이러스로 병원을 찾은 환자를 상대하느라 급한 병이나 만성 질환으로 진찰받아야 하는 환자를 제대로 진료하지 못해 병원과 의원이 혼란에 빠졌다.

상황이 이렇다 보니 의사 지망생이 줄지 않겠느냐는 의견도 있었지만, 결과적으로 2021년도 입시에는 지망생이 증가했다. '코로나가 무섭지 않은 건 아니지만, 열심히 일하는 의료 종사자들을 보고 감동했어. 나도 의사가 되자.'라고 생각한 수험생이 많았던 모양이다. 또한 일시적인지도 모르지만 경제 상황이 나빠지면서 수도보다는 지방, 그리고 일자리가 보장되는 의과대학에 진학하자는 생각으로 지방의 국립대학교 의과대학 인기가 높아졌다.

신종 코로나바이러스에 대처하는 의료 종사자의 활약을 본 것

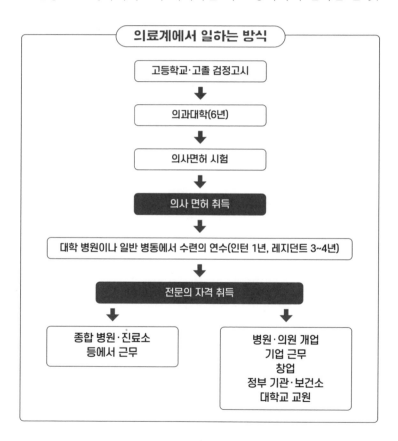

의료계에서 일하는 방식

고등학교·고졸 검정고시

⬇

의과대학(6년)

⬇

의사면허 시험

⬇

의사 면허 취득

⬇

대학 병원이나 일반 병동에서 수련의 연수(인턴 1년, 레지던트 3~4년)

⬇

전문의 자격 취득

⬇ ⬇

종합 병원·진료소 등에서 근무

병원·의원 개업
기업 근무
창업
정부 기관·보건소
대학교 교원

이 계기가 되어 '의사'라는 직업에 매력을 느끼고 진로를 결정한 사람이 많다는 건 기쁜 일이다. 본인에게 의사가 되고자 하는 의지가 있다는 게 무엇보다 중요하다. 그렇다면 의과대학에 들어가려면 구체적으로 어떤 공부를 해야 할까?

의사가 되고 싶다면 일단 공부하는 습관을 들이길 바란다. 꾸준히 교과서와 참고서를 읽고, 문제집을 풀어 보자. 문제를 풀다 보면 성취감이 생긴다. '야호! 풀었다!'라고 생각하는 짧은 순간을 쌓아 나가는 것이 굉장히 중요하다. 의사가 된 뒤에도 공부는 계속된다. 아니, 의사 생활을 하는 이상 평생 공부해야 한다는 표현이 옳을 것이다.

일본과 한국의 사망 원인 1위인 암을 치료하는 신약이 속속 개발되었다. 암이 극복되어 많은 사람이 오래 살면 다른 병이 생긴다. 이를테면 퇴행성 뇌질환인 알츠하이머병으로 인지증에 걸리는 사람도 늘어난다. 병 하나를 극복하면 새로운 병이 등장하고, 그 병을 극복하면 또 새로운 병이 등장한다. 병을 발견하는 진단 기술이 좋아지기도 했지만, 애초에 병이라는 것은 계속 생겨나게 되어 있다.

의사가 되면 새로 나타나는 병을 공부해야 한다. 자신이 본 적 없는 병에 걸린 환자를 맡게 될 수 있으므로 미리 그 병에 관해 알아 둬야 한다. 그런 의미에서 의사가 되려면 공부를 좋아하고 새로운 것에 흥미가 많은 성향이 도움이 된다.

6년 동안 무엇을 공부할까?

의과대학은 입학해서 졸업하기까지 6년이 걸린다. 다른 학부에 비해 2년을 더 공부하는 셈이다. 그래서 '대체 6년이나 뭘 공부하는 거야?'라고 생각하는 사람도 많다. 학교마다 차이가 있지만, 전형적인 이수 과정은 다음과 같다.

의예과 1~2학년은 자연과학, 인문·사회 과학 등 일반교양 과목과 해부학, 생리학, 생화학 등 의학의 기초가 되는 학문을 일부 공부한다. 학교에 따라서는 병원을 견학하는 수업도 있다. 본과 1~2학년은 기초 의학 일부와 병의 진단·치료 등 임상 의학을 공부하고, 그 외에 의사가 환자를 대하는 태도, 국제 보건, 의사의 다양한 진로 등을 공부한다. 본과 3~4학년은 주로 임상 실습을 하면서 의학 지식을 실제로 의료 현장에서 사용하는 방법을 익히고, 의사면허 시험에 대비한다.

의과대학을 졸업하고 의사면허 시험에 합격하면 1년간 인턴으로 여러 과에서 짧게 근무해 보며 임상 의사로서 기초적인 힘을 키운다. 다양한 진료과를 경험하며 장래에 자신이 전문 분야로 삼을 진료과를 선택하는 것이다. 그런 뒤에 자신이 정한 진료과에서 3~4년간 레지던트로 일하며 해당 분야를 더욱 깊이 공부한다. 이렇게 해서 수련 과정을 마치고 전문의가 되면 드디어 독립해서 의사로 일할 수 있다. 굉장히 긴 여정이지만, 목표를 갖고 있으면 즐거운 나날이기도 하다.

그대로 자신이 정한 임상 분야의 대학 병원이나 대형 병원에서 근무하는 사람도 있고, 의학을 더 연구하기 위해 대학원에 진학하거나 연구소에서 일하는 사람도 있다. 또한 개인 의원을 여는 사람도 있고, 기업이나 행정 기관으로 가서 일하는 사람도 있어서 저마다 다른 길을 걷게 된다.

의과대학 이수 과정

예과 1~2학년:

교양과 과학적인 자세를 익히고, 기초 의학을 배운다.

○ 일반교양 과목과 해부학, 생리학, 생화학 등 의학의 기초가 되는 학문을 일부 공부한다.

본과 1~2학년:

현장에서 필요한 기초적인 능력을 익힌다.

○ 기초 의학 일부와 병의 진단, 치료 등 임상 의학을 공부한다. 또한 의사가 환자를 대하는 태도, 국제 보건, 의사의 다양한 진로 등을 공부한다.

본과 3~4학년:

임상 실습을 하면서 의사면허 시험을 치르기 위한 지식과 기술을 배운다.

○ 임상 실습을 하면서 의학 지식을 실제로 의료 현장에서 사용하는 방법을 익히고, 의사면허 시험에 대비한다.

진료과의 종류와 역할

과거의 병원은 내과, 외과 등 커다란 범주로 간판을 내걸었지만, 현대의 진료과는 매우 세분화되어 있다. 진료과의 종류나 구분은 병원에 따라 다르며, 의료 기술이 발전하면서 새로운 진료과가 계속 생기고 있다. 여러 진료과의 전문성을 함께 갖춘 곳도 있다.

내과 수술 없이 주로 약물·의료 기기를 이용하거나, 생활 지도를 통해 환자를 치료한다. 범위가 매우 넓으며 순환기(심장), 호흡기(폐), 소화기, 신장, 내분비 등 장기나 병에 따라 분야가 세분화된다.

외과 주로 수술로 병이나 외상을 치료한다. 내과와 마찬가지로 분야가 세분화되고 있다.

소아청소년과 0세부터 15세 나이대 어린이의 병을 종합적으로 다룬다.

산부인과 난소, 자궁 등 여성의 생식 기관과 관련된 병을 다룬다. 임신과 출산을 다루며, 이와 관련된 병을 치료한다.

안과 눈과 관련된 병을 치료한다.

이비인후과 귀, 코, 목의 병을 치료한다.

피부과 피부와 피부 부속기관에 생기는 병을 치료한다.

정신건강의학과 정신 질환을 예방·진단·치료한다.

비뇨의학과 신장, 방광 등 소변과 관련된 장기와 정소, 음경, 전립선 등 남성의 생식 기관과 관련된 병을 치료한다.

정형외과 뼈, 관절, 근육, 신경 등 운동 기관과 관련된 병을 치료한다.

신경외과 뇌, 척수, 말초신경의 질환을 수술로 치료한다.

방사선과 영상을 촬영할 수 있는 다양한 검사 기기를 써서 병을 정확히 진단하고, 방사선을 이용해 질병을 치료한다. 현재는 영상술을 이용해 진단을 주로 하는 '영상의학과', 엑스선을 이용해 암 치료를 주로 하는 '방사선종양학과', 방사성 동위 원소를 이용해 진단과 치료를 하는 '핵의학과'로 구분되어 있다.

마취통증의학과 수술받는 환자를 통증을 느끼지 못하는 상태로 만들어 의사가 수술하기 쉽게 한다.

종양내과 수술하지 않고, 항암제를 이용해 암을 치료한다. 항암제가 발전하면서 중요도가 높아졌다.

가정의학과 의료 기술이 발전하면서 전문과의 분야가 세분화되자 역발상으로 어떤 환자든 진료하는 진료과가 생겼다.

전문성을 높이기 위한 선택, 유학

나는 방사선과에서 의사로 일을 시작했는데, 방사선과의 한 분야인 핵의학을 더 공부하고 싶어 프랑스로 유학을 갔다.

핵의학에서는 특정 장기나 병에 잘 모이는 성질을 지닌 방사성 의약품을 환자에게 주사한다. 그리고 주사된 의약품이 목적한 장기나 병소에 모이면 방출하는 방사선을 전용 카메라로 몸 밖에서 촬영해 영상으로 만든다. 나는 방사선과 의사로서 환자의 바람을 어떻게든 들어주고 싶다는 마음으로 현장에서 일했는데, 이를 실현할 방법을 더욱 깊게 연구하고 싶어 유학을 결정했다.

32세에 프랑스로 유학을 갔는데, 해외로 갈지 혹은 언제 갈지는 자신의 인생 설계와 관련이 있으므로 신중해야 한다. 당연한 이야기지만 40대보다는 30대, 30대보다는 20대에 되도록 일찍 가는 편이 좋다.

국내에서 의사 면허를 취득하고 나서 해외로 유학을 가는 길 말고도 해외에서 의과대학에 진학해 그 나라에서 의사 면허를 취득하는 길도 있다. 해외에서 의사 면허를 따서 아예 그곳에서 일하는 선택지도 있다. 해외에서 대학을 졸업하고 국내로 돌아온 경우에는 예비 시험을 추가로 거쳐야 의사면허 시험을 치를 수 있는 등 합격 가능성이 아주 낮은 편이니 신중할 필요가 있다.

의사가 되려는 의지만 있다면

'성적'이라는 말을 들으면 무엇이 먼저 떠오르는가? 수학이나 영어 시험의 점수가 아닐까 싶다. 분명히 그런 성적도 중요하다.

어려운 의과대학 입학시험에 도전하려면 좋은 성적이 필요하다.

자신 있는 과목의 성적을 먼저 최대한 높이자. 흔히 의학을 전공하려면 이과 계열 과목만 열심히 공부하면 된다고 생각하는데 국어, 영어, 그 밖에 다른 문과 계열 과목도 중요하다. 대학교 동기나 사회에서 알게 된 의사 중에는 "수학을 너무 못해서 한때 의과대학 진학을 포기하려 했다."는 사람도 있었다. 그러나 어떻게든 시험에 합격하고 되돌아보면 입학시험을 준비하는 데 든 고생은 그리 대단한 것이 아니었음을 깨닫게 된다.

입시 제도가 계속 바뀌고 문제의 경향이나 난이도도 달라지지만, 의사가 되겠다는 마음만 흔들리지 않는다면 어려움에 도전할 수 있다. 미래의 나에게 맞는 즐거운 목표를 향해 나아가려면 의지를 유지하는 것이 중요하다.

의사를 지망할 때는 물론이고 의사가 된 뒤에도 '절대로 꺾이지 않는 마음'을 갖는 것이 중요하다. 예를 들어, 의료 서비스를 받지 못하는 사람이 없는 세상을 만들고 싶다는 꿈을 갖는다면 그 친구는 의사의 길을 쉽게 포기하지 않을 것이다.

앞서 임상 의사와 연구자의 차이점을 설명했는데, 연구의 길로 나아가는 경우도 병에 대한 호기심을 품는 게 중요하다. '당뇨병의 유전자 이상을 전부 밝히고 싶다.', '인지증의 발생 기전을 밝혀내겠다.' 같은 구체적인 목표를 갖는다면 힘들고 괴로운 공부도 반드시 극복할 수 있을 것이다.

학교 공부 말고도 해 두면 좋은 것들

의사로 일하려면 전문 영역뿐 아니라 다양한 영역에 관심을 품는 것이 중요하다. 의과대학에 진학하고 싶다면 국어, 수학, 영어 같은 기초 학문을 열심히 공부해야 한다. 그러나 이와 함께 다양한 분야에 흥미를 품고, 그 세계를 깊게 이해하면 의사로 살아가는 데 강력한 무기를 지닐 수 있다. 역사, 세계 지리, 문학, 음악이나 미술, 스포츠도 마찬가지다. 폭넓은 분야에 흥미를 갖고, 여러 가지를 할 줄 아는 의사는 매력적이다.

내 취미는 바둑이다. 임상 의사 혹은 연구자로 일하면서 일이 잘 풀리지 않을 때마다 바둑을 즐기는 시간은 내게 위안이 된다. 일거리에서 벗어나 친구와 기분 전환을 할 수 있다. 찜찜한 기분을 잠시 잊고, 있는 힘껏 머리를 써서 바둑에 전념하면 기분이 개운해진다. 의사 친구 중에는 피아노를 아주 잘 치는 사람이 있는데, 마음이 심란할 때 좋아하는 곡을 연주하며 마음을 비우면 다음 날부터 다시 일에 몰두할 수 있다고 한다.

독서도 빼놓을 수 없다. 지금도 공부하느라 바쁘겠지만, 고등학교 3학년에 입시 준비를 시작하면 더욱 바빠진다. 그 전에 폭넓은 장르의 책을 읽어 두길 바란다. 의학은 다양한 자연 과학의 영향을 받고, 그것을 응용해서 발전해 온 학문이기 때문에 자연 과학을 이해하면 의학을 배우는 데 큰 힘이 된다. 의학뿐 아니라 과학 전반에 관심을 갖는 것이 좋다. 또한 의사는 사람을 상대하는 직업이므로 철학이나 역사, 문학 등 다른 장르의 책도 두루 읽으면 좋다.

의료 기관이 아닌 곳에서 일하는 의사

의사가 일하는 곳이라고 하면 병원이나 의원과 같은 의료 기관을 가장 먼저 떠올린다. 그러나 의사가 활약하는 곳은 의료 기관 외에도 많다. 어학을 잘하는 사람이라면 의사로 경력을 쌓은 뒤에 세계보건기구WHO, 국제연합UN을 비롯한 여러 국제기구에서 일하는 길도 있다.

국제기구에서 일하는 의사를 낯설게 느끼는 사람도 있을 것이다. 국가마다 독자적인 보건 의료 시스템과 의료 체계가 존재한다. 그러나 자국의 힘만으로는 의료 제도를 만들 수 없거나, 의료 기기를 갖출 재력이 없거나, 의사나 의료 종사자를 충분히 교육시킬 능력이 없는 경우도 있다. WHO는 이런 국가에 의료 기술이나 지도자를 제공하고, 의료 제도의 설계와 운영을 돕는다. 국제기구에서 의사로 일하려면 전문적인 의학 지식을 갖춰야 할 뿐 아니라 영어, 프랑스어, 중국어 등 하나 이상의 외국어 능력이 필요하다. 전 세계에서 모여드는 전문가와 함께 일하므로 어학 능력뿐 아니라 소통 능력도 요구된다. 의학 이외의 분야에도 관심을 갖고, 사회성을 키우는 게 좋다.

그 밖에 의료 계열 기술직 공무원이나 신약을 승인하는 관청의 전문가로 일하는 길도 있으며, 전국의 지방 자치 단체에 있는 보건소장도 될 수 있다. 보건소장은 예방 접종이나 암 검진을 어떻게 진행할지 결정하고, 지역 주민의 건강에 관한 여러 가지 과제를 해결하는 자리기 때문이다.

신약과 의료 기기를 만드는 현장

병원이 아닌 신약을 만드는 제약 회사나 의료 기기를 만드는 제조 기업 등에서 일하는 의사도 있다.

병원에는 다양한 의료 기기가 있다. 드라마에 나오는 주인공이 병원에서 커다란 장치 속에 들어간 모습을 본 적이 있을 것이다. 수술실을 배경으로 의사인 주인공이 생명을 구하기 위해 응급 수술을 하는 장면도 봤을 것이다. 그때 쓰는 의료 기기를 개발할 때도 의사가 크게 활약한다.

의료 기기를 만드는 데는 시간이 오래 걸리며, 그 기간 동안 다양한 전문가들이 관여한다. 초기에는 물리나 공학 전문 분야의 사람이 활약한다. 영상 진단 장치라면 어떤 원리를 이용해 영상을 촬영할지, 수술 로봇이라면 어떤 구조로 움직이게 할지를 결정하고 개발을 진행한다. 의학이나 의료 지식을 바탕으로 어떤 치료를 실현할지는 의학을 잘 이해하는 사람, 그러니까 대부분 의사가 해야 할 일이다.

의료 기기의 개발이 최종 단계에 접어들면, '임상 시험'이라고 해서 실제 환자를 상대로 데이터를 수집하는 과정을 반드시 거친다. 임상 시험을 통해 실제로 영상이 잘 찍히는지 조사하고, 문제가 발생하지 않는지 확인한다. 임상 시험은 기업에서 일하는 의사와 병원에서 실제로 환자를 진찰하는 의사, 검사를 담당하는 의사나 의료진이 협력해서 실시하게 된다. 지금까지 의료 기기를 예로 들면서 설명했는데, 약도 같은 과정을 거친다.

또한 최근에는 의사로 경험을 쌓은 뒤에 직접 벤처 기업*을 세우는 의사도 늘고 있다.

의사가 일하는 환경은 날마다 변하고 있다. 여러분이 의사나 의료직 전문가로 일할 10년, 20년 뒤에는 활약할 수 있는 분야가 더욱 늘어날 것이다. 그러니 세상의 움직임을 전하는 뉴스에도 관심을 기울이는 게 좋다.

의사보다 의학에 뜻을 두었다면

"의사가 되지 않고도 의학을 공부할 수 있나요?"

이런 질문을 자주 받는다. 결론부터 말하자면 가능하다. 여러분이 제일 좋아하는 방법, 자신 있는 방법으로 의학과 관계를 맺

---

*벤처 기업: 고도의 전문 지식과 새로운 기술로 창조적이고 도전적인 사업을 펼치는 중소기업을 말한다.

으면 된다. 이렇게 말해도 구체적으로 어떻게 해야 할지 알 수 없을 테니 조금 더 설명하겠다.

병원에서 의사가 하는 일은 지금까지 인류가 쌓아 온 의학을 '의료'라는 행위로 실천하는 것이다. 지금 '어? 의학하고 의료하고 다른 거야?'라고 생각한 사람도 있을 것이다. 간단히 말하면, '의학'은 인간의 몸이나 병을 과학적으로 밝혀내는 학문이고, '의료'는 의학을 이용해 실제로 병원 같은 곳에서 환자를 치료하는 일이다. 치료 이외에 병을 찾아내는 진단이나 병에 걸리지 않게 하는 예방도 의료에 포함된다.

의학을 직업으로 삼는 것은 의료를 실천하는 일뿐 아니라 의학을 연구하는(새롭게 발전시키는) 일, 그다음 단계로 의료의 부품을 만들어 내는 일도 포함된다. 예를 들어 의과대학, 국책 연구소 등에서 당뇨병을 일으키는 유전자를 연구하는 일, 그 연구 결과를 바탕으로 제약 회사에서 당뇨병 신약을 개발하는 일, 개발된 신약을 시험하기 위한 임상 시험에 관여하는 일 등이 모두 의학을 직업으로 삼는 것이다.

다만 의과대학을 졸업해 의사 면허를 취득하지 않으면 법적으로 할 수 없는 일도 있다. 병원에서 환자를 진찰하는 것은 물론이고, 인체에 투여하는 신약의 임상 시험에 참여하는 것도 의사 면허가 있어야 한다. 의사 면허가 있으면 활약할 수 있는 범위가 넓어진다. 진로를 결정할 때는 이 점을 염두에 둬야 한다.

사람을 좋아해야 하는 직업

여러분은 어떤 사람이 의사를 해야 한다고 생각하는가? 사실 공부를 잘하는 것만으로 부족하다. 의사를 직업으로 선택할 때 중요한 것이 있다.

"사람을 좋아해야 한다."

이것은 어떤 시대든, 또 의학이 얼마나 발전하든 달라지지 않는다. 이렇게만 말하면 이해가 안 될 테니, 조금 구체적으로 이야기하겠다.

가족이나 친구가 힘들어할 때, 어려움을 겪을 때, 여러분은 그들을 위해 마음 아파하거나 어떤 노력도 아끼지 않을 수 있는가? 또 친하지 않은 반 친구나 얼굴만 아는 관계라면 어떨까? 어떻게든 도와주고 싶다고 생각하며 손을 내밀 수 있을까? 전혀 알지 못하는 사람이라면? 미래의 의료 현장에서 일하고 싶다고 생각한다면 한 번쯤은 이 문제를 생각해 보길 바란다.

의사는 자신을 희생해야 하는 직업이라는 뜻이 아니다. 가족이든, 친구든 눈앞에서 어려움을 겪는 상대를 만나면 자연스레 힘이 되어 주고 싶다는 마음이 싹튼다. 그런 마음을 가질 수 있느냐, 없느냐가 중요하다.

의사로 지내다 보면 일이 잘 풀릴 때도 있고, 그렇지 못할 때도 있다. 환자가 지시대로 약을 먹지 않거나, 기껏 의논해서 치료 방침을 결정했는데 환자가 몰래 술을 마시는 바람에 치료를 망치거나, 이유 없이 환자가 갑자기 병원에 오지 않는 일도 일어난다. 게다가 환자가 협조적이라고 꼭 치료가 순조롭게 진행된다는 보장도 없다. 병의 원인은 여러 요소가 복잡하게 얽힌 경우가 많기 때문에 의사와 환자가 협력한다고 반드시 낫는다고 보장할 수도 없다. 치료가 순조롭지 않을 때도 환자의 병을 어떻게든 고치고 싶다는 마음을 이어 갈 수 있어야 하는데, 그러려면 '사람을 좋아하는' 성격이 큰 도움이 된다.

신종 코로나바이러스로부터 환자들을 구하고자 수많은 의사, 간호사 등 의료진이 자신의 생활을 희생하고 치료 현장에서 고군분투해 왔다. '한 명이라도 더 구하고 싶다.'는 이들의 마음이 전해졌고, 이건 사람을 좋아하지 않는다면 도저히 할 수 없는 일이라고 생각한다.

의사가 될 소질이나 자질이 있음에도 피를 보는 게 싫다든가, 수학은 좋아하지만 생물을 좋아하지 않는다는 사소한 감정이나 정보에 휘둘려서 한 번뿐인 기회를 놓치지 말자. 사람을 좋아한다고 자신 있게 말할 수 있다면 의사가 될 자질이 충분하다.

다양한 경험이 필요하다

의사가 되면, 특히 병원에서 근무하면 교류 범위가 좁아진다. 물론 병원에는 의사 외에도 의료직과 사무직이 있지만, 자신이 적극적으로 노력하지 않는 한 가치관이 비슷한 사람들과 뭉쳐 지내게 된다.

나는 대학 시절에 의과대학이 아닌 다른 학부의 친구를 사귀면서 시야를 넓힐 수 있었다. 공부는 뒷전으로 미뤄 놓고 IT 벤처 기업에서 아르바이트를 했다. 그때 나보다 일곱 살 많은 의과대학 선배가 있었다. 미래를 내다보는 통찰력이 있던 그 선배는 전국의 의사들이 소통할 수 있는 프로그램을 만들고 있었다. 지금이야 그런 것이 흔해졌지만, 그때는 보기 드물었다. 당시는 휴대폰은 물론이고 노트북 컴퓨터도 보급되지 않았고, 병원의 진료 기록부도 전부 손으로 작성했다. 그런 시대에 선배와 함께 프로그래밍에 몰두했다. 밤새 프로그래밍을 하다가 작업실에서 그대로 잠들어 버린 적도 많았다.

뜻이 맞는 선배, 동기, 후배를 만나 함께 보낸 몇 년의 경험은 무엇과도 바꿀 수 없는 귀중한 재산이 되었다. 시대가 바뀌어 의료계에 IT의 거대한 물결이 밀려왔을 때 순순히 받아들일 수 있었고, 오히려 기술이 더욱 발전해야 한다고 긍정적으로 생각할 수 있었다.

의사가 되고 싶다, 의과대학에 가고 싶다고 생각한다면 오히려 의과대학을 지망하지 않는 친구를 만드는 등 의식적으로 바깥세상과 교류를 넓히길 바란다. 운동도 좋고, 음악이나 다른 취미를 만들어도 좋다. 계기는 얼마든지 있을 것이다.

다양한 사람들과 이야기를 나누자

의과대학에 진학한 학생들은 다른 학부에 비해 해야 할 공부가 많아서 바쁜 나머지, 같은 방향을 걷는 다른 학부 친구들과 대화할 기회가 적다.

여러분은 학교 친구든, 학원 친구든 많은 사람들과 '미래는 어떤 세상이 되어 있을까?'에 대해 이야기를 나눠 보자. 미래에 병원 진료실이 어떻게 바뀔지 이야기를 나눠도 좋고, 어떤 기술이 등장할지 예상해 봐도 좋다. 혼자 생각해서는 아이디어가 확장되지 않는다. 그러나 친구와 함께 이야기를 나누다 보면 이런저런 아이디어가 떠오르고, 수많은 가지를 쳐 나갈 것이다.

이것을 '토론'이라고 한다. 토론은 상대를 말싸움으로 이기는 게 아니다. 상대의 의견을 알고, 자신의 의견을 상대에게 전하며 생각을 넓혀 나가는 것이다. '나는 이렇게 생각하는데, 너는 그렇게 생각하는구나.'라고 깨달을 수 있으며, 이야기하는 과정에서 생각이 더욱 깊어진다.

또한 의과대학을 지망하는 친구가 있더라도 의과대학을 지망하게 된 계기나 생각은 저마다 다르기 마련이다. 평소에 다양한 성향의 친구와 이야기를 나누면서 다양한 의견을 들어 보자.

의료계, 이런 점이 궁금해요!

Q 의사가 되려면 학비는 얼마나 필요한가요?

A 국립대학교인지, 사립대학교인지에 따라 차이가 큽니다.

일본의 국공립대학교는 문부과학성*이 정한 표준 금액을 바탕으로 수업료를 산정합니다. 의과대학은 6년제라서 다른 학부보다 2년분의 학비가 더 들어가지요. 공립대학교의 학비는 국립대학교에 준한 금액이 되지만, 대학교가 위치한 지역에서 살 경우 입학금이 싸고 다른 지역에서 살 경우 입학금이 조금 비싼 차이가 있습니다.**

국립대학교 의과대학은 학비가 입학금까지 합해서 6년 동안 약 350만 엔(3,490만 원)이 듭니다. 해마다 내는 학비는 다른 학부와 비슷합니다. 공립대학교는 학비가 6년 동안 약 350~400만 엔(3,490~3,990만 원)으로 학교마다 다릅니다. 예를 들어 후쿠시마현립의과대학교의 경우, 후쿠시마현에 산다면 학비가 약 350만 엔(3,490만 원)이지만 다른 지역에 산다면 약 400만 엔(3,990만 원)입니다.

사립대학교는 대개 학비가 비싸서, 가장 싼 대학교(지바현 나리타에 있는 국제의료복지대학교 의과대학)도 2021년도 입학 기준으로 6년 동안 약 1,850만 엔(1억 8470만 원)이며, 비싼 대학교는 5,000만 엔(4억 9920만 원)에 이릅니다. 학비가 싼 대학일수록 성적이 높아야 합니다. 또한 집에서 통학하는지, 자취하는지에 따라 생활비에 큰 차이가 생깁니다.

학비가 부족하면 장학금을 받는 방법도 있습니다. 지방 자치 단체와 손잡고 지역 주민을 대상으로 입학 정원을 따로 마련한 학교도 있습니다. 자치의과대학교, 산업의과대학교, 방위의과대학교는 각각 독자적인 전문성을 갖춘 의사를 육

---

*문부과학성: 일본의 교육, 과학 기술, 문화, 스포츠, 종교를 담당하는 행정 기관이다.

**《의사와 의과대학을 알 수 있는 책 2021 (주간 아사히 무크)》(아사히신문사출판)을 참고했다.

성합니다. 이런 학교는 학비 면제 등 경제적인 이점이 있지만, 졸업 후 진로에 제약이 있기 때문에 모집 조건을 잘 확인해야 합니다.

A 한국의 의과대학은 이렇습니다.

의과대학은 연간 800~1,300만 원 정도의 학비가 듭니다. 다른 전공과 비교하면 장학금이 많은 편은 아니지만, 학비가 없어서 의학 공부를 그만두는 경우가 없도록 대부분 의과대학에서는 다양한 장학금 제도를 마련해 놓고 있습니다.*

Q 외국 대학교에서 공부해도 의사가 될 수 있나요?

A 될 수 있지만, 일본에서 일하려면 일본의 의사면허 시험에 합격해야 합니다.

최근에는 외국 대학교의 의과대학에 진학하는 사람도 늘고 있습니다. 외국어를 익힐 수 있어 활약할 무대가 넓어진다는 장점이 있습니다. 다만 일본의 병원에서 일하려면 졸업한 뒤에 일본의 의사면허 시험에 합격해야 합니다. 물론 일본으로 돌아오지 않고 외국에서 의사가 되는 길도 있습니다.

요즘 인기 있는 건 헝가리, 체코 같은 동유럽 국가와 중국입니다. 헝가리국립대학교 의과대학에 다니려면 예비 코스 1년과 의과대학 6년을 더한 7년 동안 생활비 등을 포함해 전부 2,100만~2,500만 엔(2억 970만 원~2억 490만 원)이 듭니다. 일본의 사립대학교보다 학비가 싸지만 항공기 요금, 체류비, 의과대학에 입학하기 전에 현지에서 다니는 어학원 비용 같은 추가 지출을 감안해야 합니다.

참고로 외국에서 의과대학을 졸업한 사람이 일본의 의사면허 시험을 볼 자격이 있는지를 두고 후생노동성이 개별적으로 심사하는데, 2021년까지는 대부분 자격이 인정되는 듯합니다. 다만 2023년부터 미국의 의사면허 시험을 보는 수험 자격이 변경되면서 일본 의과대학 커리큘럼과 의사면허 시험의 내용도 변경을

---

*한국의 상황을 소개하기 위해 원고를 감수, 추가했다.

검토 중입니다. 외국 대학교 의과대학에 진학할 생각이라면 이 상황을 주의 깊게 살펴야 합니다.*

🅐 한국의 경우도 비슷합니다.

한국에서도 헝가리, 우즈베키스탄 공화국 등 외국의 의과대학에서 유학을 하면 전 세계 어디서든 의사로 활동할 수 있다는 광고를 자주 봅니다. 물론 외국 의과대학을 졸업하고, 그 나라의 의사면허를 취득하면 대부분 국내에서도 의사면허 시험을 치를 자격이 주어집니다. 그러나 나라마다 학제가 다르고 학습 여건이 다르기 때문에 학교에 따라 졸업이 힘들 수 있습니다. 또한 의사면허 시험을 통과하기가 아주 어려우므로 유학원의 말만 믿었다가 시간을 낭비하는 경우가 생길 수 있으니 주의해야 합니다.

또한 세계의학교육연맹(WFME)에서 인가받지 않은 의과대학 졸업생들에게 국제 활동을 금지하려는 움직임이 있습니다. 유학을 가려는 의과대학이 WFME의 인가를 받은 곳인지도 꼭 확인해야 합니다. 국내에 있는 의과대학 40곳은 모두 인가를 받아 놓은 상태입니다.**

🆀 공부하느라 바쁠 것 같은데, 아르바이트는 할 수 있나요?

🅐 할 수 있습니다.

학창 시절의 아르바이트는 사회에 진출하기 전에 다른 사람들과 소통하는 능력을 키우는 데 도움이 됩니다. 나도 컴퓨터 프로그램을 제작하는 벤처 기업에서 아르바이트한 것이 의사가 된 뒤에 많은 도움이 되었습니다.

의대생이 많이 하는 아르바이트로 과외와 학원 강사가 있습니다. 지금은 원격으로 가르치는 경우도 많아, 빈 시간을 이용해 돈을 벌기 쉬울 것입니다. 물론 학

---

*《의사와 의과대학을 알 수 있는 책 2021 (주간 아사히 무크)》(아사히신문사출판)을 참고했다.

**한국의 상황을 소개하기 위해 원고를 감수, 추가했다.

업에 지장을 줄 정도로 아르바이트를 하면 학점을 따지 못해 유급하거나 의사면 허 시험에 합격하지 못해 재수하는 일이 생길 수 있어서 의사로 일하는 시기가 늦어집니다.

교양 과목의 비율이 높은 예과 1~2학년 때는 아르바이트를 해도 부담이 적지 만, 본과 1~2학년 이후는 수업이 본격적으로 많아지고 임상 과목의 방대한 지 식을 머릿속에 집어넣어야 하기 때문에 아르바이트에 쓸 시간이 줄어듭니다. 또 한 본과 3~4학년 때는 병원 실습이 시작되고, 취업 또는 연구를 위한 준비나 의 사면허 시험 공부로 매우 바빠집니다.

Q 의사와 간호사는 하는 일이 어떻게 다른가요?

A 간호사는 간호에 관한 전문 지식을 활용해 팀 의료에 공헌합니다.

의사는 환자의 병을 진단하고 치료합니다. 하지만 의사 혼자서 할 수 있는 건 아 닙니다. 의사를 포함한 전문직이 협력해서 환자 한 사람, 한 사람을 치료합니다.

이렇게 서로 협력하며 의료를 행하는 것을 '팀 의료'라고 부릅니다. 팀에는 의사 외에 간호사, 약사, 임상 병리사, 방사선사, 물리 치료사, 작업 치료사* 등 다양 한 전문직이 있습니다. 어떤 직종이 팀에 들어갈지는 병의 종류나 환자의 상태 에 따라 달라집니다.

간호사는 어떤 팀이든 없어서 안 되는 존재로, 간호사의 전문성을 활용해 팀 의 료에 공헌합니다. 예를 들면 의사가 환자를 진찰할 때 환자를 보조하는 일, 수술 할 때 필요한 기구를 준비하고 적절한 때에 건네는 일부터 치료를 위해 입원한 환자의 일상을 뒷받침하고 정신적으로 관리하는 일까지, 간호사의 업무는 매우 폭넓습니다.

---

*작업 치료사: 의사의 지도 아래, 신체나 정신 장애자에게 어떤 목적을 가진 활동을 시켜서 치료하는 일을 한다.

의사와 간호사 중 어느 쪽에서 일하고 싶은지 판단하는 것은 쉽지 않습니다. 여러분 나이에는 대학에 진학하기까지 시간이 있으니 이런저런 책을 읽거나 사람들의 이야기를 들어 보면서 천천히 생각하길 바랍니다.

Q 여성이 의사로 일하면서 동시에 가정을 돌보기는 어려울까요?

A 그렇지 않습니다.

어떤 일을 하는 데 성별이 걸림돌이 되는 건 있어서는 안 되는 일입니다.

실제로 많은 여성이 아이를 키우면서 의사로 일하고 있습니다. 다만 야근이나 휴일 출근이 어렵지 않을지 걱정하는 사람도 있을 텐데, 의사가 병원이나 의원에서 근무하는 방식에는 두 가지가 있습니다. '상근 의사'와 '비상근 의사'이지요. 상근 의사는 기본적으로 공휴일을 제외한 근무일에 병원이나 의원에서 일합니다. 비상근 의사는 일주일에 반나절, 3일 등 미리 정한 날짜만 일합니다. 여러 병원에서 비상근 의사로 일하는 사람도 있습니다. 또한 상근 의사로 일하던 곳에서 아이가 어린이집에 다니는 동안만 비상근으로 일하다 초등학교에 들어가면서 상근으로 돌아가는 식으로, 출산과 육아 등 일과 사생활의 균형을 적절히 맞추는 의사도 늘고 있습니다.

아이를 키우면서 계속 일하려면 배우자와 의논해서 일과 집안일, 육아를 나누어야 합니다. 출산이나 육아 단계에서 잠시 일을 쉬는 동안, 실력이 녹스는 것은 아닐지 불안하게 여기는 사람도 있습니다. 그러나 일이냐, 육아냐를 고민하다 육아를 선택하는 것은 과거 이야기입니다. 지금은 주 3일 상근 같은 유연한 고용 형태를 도입하는 등 일과 사생활의 균형을 잡을 수 있는 직장이 늘어났습니다. 한 학년의 절반 가까이 여성인 의과대학도 많아졌습니다. 또한 일이 힘들다는 외과나 응급의학과에도 여성이 늘고 있습니다.

노동 환경의 문제는 사회 전체가 해결해 나갈 일입니다.

Q 의사의 급여는 높은가요?

A 의사마다 차이가 있습니다.

오해하는 사람도 있을지 모르지만, 의사의 급여가 모두 높은 것은 아닙니다. 그렇게 느꼈다면, 개인 의원을 연 의사의 수입이 많다는 뉴스를 봤거나 막연히 '의사는 돈을 잘 번다.'는 이야기를 들었기 때문일지 모릅니다.

의사보다 수입이 많은 직업은 많습니다. 예를 들어, 운동선수나 사업가는 의사보다 돈을 더 잘 버는 경우가 많습니다. 한편 연구하고 싶어서 대학 병원을 떠나지 않는 사람은 수입이 적은 경우도 있습니다.

'불황에 강하다.', '자격증이 있으니 취직할 수 있다.'는 이유로 의사가 되려는 사람도 많습니다. 하지만 직업을 선택할 때 돈이 아니라 좋아하는 일, 하고 싶은 일을 기준으로 삼는 게 중요합니다. 그런 마음가짐으로 직업을 선택해야 어른이된 뒤에도 인생을 알차게 보낼 수 있습니다. 여러분은 아직 어리지만 무엇을 이루고 싶은지 시간을 들여 곰곰이 생각해 보길 바랍니다.

Q 의과대학에 가지 않아도 의료계에서 일할 수 있을까요?

A 의사 외에도 의료계에서 일할 수 있는 길은 많습니다.

의료 현장에는 의사 외에도 간호사, 약사, 방사선사, 임상 병리사, 물리 치료사, 작업 치료사 등 다양한 직종이 있습니다. 이들 분야에서 일하려면 대학에서 면허 시험을 볼 수 있는 학과를 졸업한 뒤 시험에 합격해야 합니다.

현재 의료 현장에는 수많은 디지털 기술이 도입되었습니다. AI를 사용해 얻은 환자의 데이터로 신약을 만들고, 건강 관리용 스마트폰 애플리케이션을 개발하며, 온라인 진료 소프트웨어가 도입되고 있습니다. 이런 디지털 기술은 의학을 전공한 의사 혼자서 만든 게 아닙니다. 공학을 전공한 기술자들이 함께 개발하고 있습니다. 앞으로도 많은 인재가 이런 분야에서 활약할 것입니다.

예를 들어, AI를 만드는 공학자를 생각해 봅시다. 종일 게임만 해서 부모님에게 자주 혼나는 사람이라도 게임의 바탕이 되는 프로그래밍에 흥미가 있다면 AI 공학자가 될 수 있습니다. 스스로 과제를 찾아내고 해결책을 고민하는 성향이라면 AI 공학자의 자질이 충분합니다. 상상하는 힘도 중요합니다. 새로운 것을 만드는 데 흥미를 느끼고, 상대방의 처지에서 생각할 수 있는 사람도 AI 공학자가 될 자질이 충분합니다.

AI 공학자가 되려면 수학, 정보 과학, 데이터 과학, 프로그래밍 같은 지식이 필요합니다. 컴퓨터정보학과, 소프트웨어학과 등이 있는 대학교 또는 전문학교에서 공부하면 됩니다.

예전에는 병원에서 의사가 환자를 진찰한 뒤에 진료 기록부에 손으로 글씨를 써야 했지만, 지금은 전자 진료 기록부에 정보를 입력합니다. 전자 진료 기록부는 각종 검사 정보 시스템에 연결되어 있어서 진료의 수준을 높여 줍니다. 이처럼 컴퓨터는 많은 부분에서 의료 현장을 뒷받침하고 있습니다. 또한 최근에는 의사가 치료법을 결정하는 것을 돕고, 검사 데이터를 분석하며, 해야 할 검사 또는 중요한 결과를 알려 줍니다. 이처럼 의료 현장 곳곳에서 IT 기술이 활용되고 있습니다.

의료계의 다양한 직종에서 일하는 사람이 쓴 책이나 인터뷰 기사를 읽어 보는 것도 진로를 알기 위한 좋은 방법입니다.

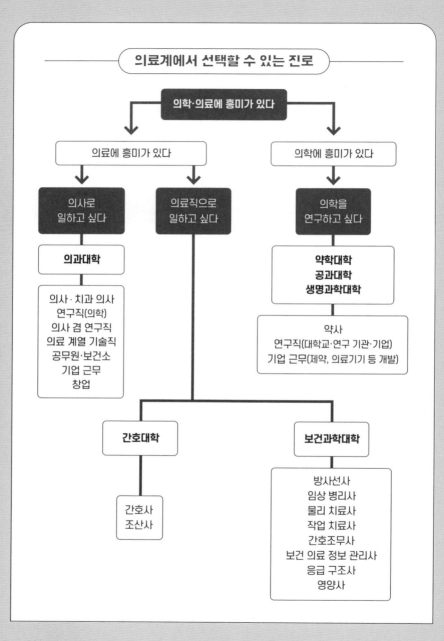

의료계에서 선택할 수 있는 진로

의학·의료에 흥미가 있다

의료에 흥미가 있다

의학에 흥미가 있다

의사로
일하고 싶다

의료직으로
일하고 싶다

의학을
연구하고 싶다

의과대학

의사 · 치과 의사
연구직(의학)
의사 겸 연구직
의료 계열 기술직
공무원·보건소
기업 근무
창업

**약학대학
공과대학
생명과학대학**

약사
연구직(대학교·연구 기관·기업)
기업 근무(제약, 의료기기 등 개발)

간호대학

보건과학대학

간호사
조산사

방사선사
임상 병리사
물리 치료사
작업 치료사
간호조무사
보건 의료 정보 관리사
응급 구조사
영양사

좌절을 딛고 연구자가 된
야마나카 신야

2012년 10월 8일, 스웨덴 스톡홀름의 노벨 재단은 노벨 생리의학상을 교토대학교의 iPS연구소 소장인 야마나카 신야 교수에게 수여한다고 발표했다.

야마나카는 고베대학교 의과대학을 졸업한 뒤 오사카시립대학교 의과대학 부속 병원의 수련의가 되었다. 어릴 때부터 유도와 럭비 같은 운동을 좋아해 정형외과에 갔지만, 수술에 소질이 없었다. 주위에서 방해꾼이라 부를 정도여서 외과 의사가 되어 환자를 진찰하는 건 포기해야 했다.

"그때의 좌절이 좋은 경험이 되었습니다."

훗날 야마나카는 인터뷰에서 이렇게 말했다. 만약 정형외과 의사로 실력이 뛰어났다면 연구자가 되려는 생각은 안 했을 것이며, 노벨상을 받지 못했을지 모른다. '인간만사 새옹지마^{人生萬事 塞翁之馬}'라는 말이 있듯이, 인생은 무슨 일이 일어날지 알 수 없다.

야마나카는 미국 샌프란시스코에 있는 글래드스톤연구소로 유학을 가서 줄기세포 연구를 시작했다. 줄기세포는 인체의 여러

가지 세포가 되는 '분화'와 자기 자신을 만드는 '자기 복제'의 능력을 함께 지닌 세포다.

귀국한 뒤에는 1999년에 나라첨단과학기술대학원대학교[NAIST]의 교수가 되어, 그곳에 연구실을 차리고 성과를 올려 나갔다. 그리고 2004년부터는 교토대학교 재생의과학연구소의 교수가 되었으며, 2006년에 무한히 증식해 여러 장기가 될 수 있는 만능 세포인 'iPS'를 만드는 데 성공했다. 야마나카는 의사로 좌절을 겪으면서도 '재생 의료로 환자를 돕고 싶다.'는 강한 열정이 있었기에 괴로운 연구 생활을 극복할 수 있었다고 말했다.

야마나카의 경력과 연구 실적은 연구하는 의사의 존재를 세상에 알렸다. 진료실에서 환자를 진찰하고 치료하는 데는 소질이 없을지 모르지만, 연구자로서 수많은 사람의 병을 치료하는 데 크게 이바지한 것이다.

여러분은 앞으로 어떤 길을 걷고 싶은가? 눈앞의 환자를 진료하는 것만이 의사의 역할은 아니다. 야마나카처럼 연구자로 활약하는 길도 있다는 사실을 알아 두자.*

---

*이 글은 《의사가 되려면》(오가와 아키라 글, 펠리컨사) 등을 참고했다.

그래도
책을 읽는 게 좋다!

의학이나 의료에 뜻이 있다면 평소에 독서를 열심히 하길 바란다. 본격적인 입시 공부가 시작되기 전에 폭넓은 장르의 책을 읽어 두는 게 좋다. 의학은 다양한 자연 과학의 영향을 받았고, 그것들을 응용함으로써 탄생한 학문이다. 자연 과학을 이해하면 의학을 이해하는 데 큰 힘이 된다. 그러므로 의료계에서 일하고 싶다면 의학과 직접 관계있는 책뿐 아니라 과학 전반에 관한 책을 읽는게 좋다. 또한 의사는 사람을 상대하는 직업이기도 하므로 자연 과학뿐 아니라 예술이나 문학 등 인문 분야도 읽어 두면 좋다.

나는 중학교 교사인 부모와 세 살 위 누나로 이루어진 4인 가정에서 자랐다. 어머니는 넉넉하지 않았지만 책만큼은 누나와 내가 읽고 싶어 하는 것이 있으면 반드시 사 주었다. 그리고 책은 절대 버리지 말 것, 산 책은 끝까지 읽을 것을 규칙으로 정했다.

초등학교 저학년 때 있었던 일로 기억한다. 돈가스를 사러 가는 어머니를 따라나섰다가 어떤 책을 사 달라고 졸랐다. 동물도감이었는지, 당시 흥미를 느끼기 시작한 바둑책이었는지 정확히 기억나지는 않는다. 하지만 값이 비싸서 그 책을 점원이 계산할 때, 어머니가 잠시 당황스러운 표정을 지었다. 결국 누나가 먹고 싶다던 돈가스는 저녁 식탁에 오르지 못했다. 어린 마음에도 돈가스가 책으로 둔갑했음을 알 수 있었다.

지금 내게는 대학생과 중학생 딸이 있는데, 책에 관해서는 옛날 우리 집에 있던 규칙을 그대로 따르고 있다. 그때와 달리, 다 읽은 책은 다른 사람에게 주거나 중고 서점에 팔기도 한다. 하지만 책의 선택은 아이들에게 자유롭게 맡기고 있다.

내가 자란 환경에서는 거실에 항상 책이 가득했다. 누나 책도, 내 책도 거실 여기저기에 어지럽게 흩어져 있었기 때문에 빈말로라도 정리가 잘되었다고 할 수 없었다. 어른이 된 뒤에 어머니에게 그런 거실을 보면서 무슨 생각을 했는지 물어본 적이 있었다. 어머니는 즐거운 추억을 떠올리는 듯한 표정을 지으며 "책이란 건 음계처럼 쌓아 놓아야 한단다."라고 대답했다. 아이가 한창 자랄 때에는 다양한 난이도, 장르의 책이 필요하다는 말씀을 하고 싶었던 것 같다.

여러분은 학교 공부와 특별 활동 등을 하느라 바쁜 나날을 보내고 있을 것이다. 그러나 시간을 내서 서점이나 도서관을 찾아가 직접 책을 고르고 읽는 습관을 들였으면 한다.

5장

미래 의료계에서
일하려면
어떤 역량이
필요할까?

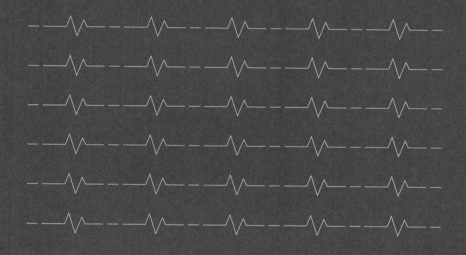

선택의 마음가짐이 중요하다

지금까지 미래에 의료가 어떻게 변할지를 알아보았다. 의학이나 의료의 길을 걸을 생각이라면 먼저 자신이 어떤 길을 걷게 될지 이해하기를 바란다. 일생이 걸린 일이므로 충분히 시간을 들여서 곰곰이 생각했으면 한다. 생각에 필요한 힌트는 이 책과 가족, 친구, 학교 선생님의 말 속에 숨어 있다. 하지만 이 힌트들은 참고 사항일 뿐 결국 결정은 자신의 몫이다.

'아니, 힌트를 참고하라더니 결국은 내가 결정해야 한다고? 그렇다면 힌트를 듣는 게 무슨 소용이야!'

이렇게 생각하는 사람도 있을지 모르겠다. 하지만 스스로 결정을 내려야 결과를 책임질 수 있다. 일이 잘 풀리지 않아도 누군가를 원망하지 않고 길을 개척할 수 있다.

어떤 길을 갈지 정했다면 자부심과 신념을 갖고 결정한 길을 걸어 나가길 바란다. 끝에는 분명히 좋은 성과가 기다릴 것이다. 충분히 고민하고 선택한 진로는 여러분의 능력이나 장점과 잘 어울릴 것이다. 도중에 생각처럼 잘되지 않거나 진로를 잘못 정한 게 아닐까 고민하는 순간도 있을지 모른다. 그래도 굴하지 말고 차근차근 나아간다면 길은 반드시 열린다.

길은 언제든 바꿀 수 있다

지금부터 할 이야기는 앞에서 한 이야기와 모순되는 내용처럼 들릴지 모른다. 그건 길은 언제든 바꿀 수 있다는 말이다.

'뭐? 결정한 길을 포기하지 말고 나아가라고 했잖아?'

이런 생각이 드는 게 당연하다. 곰곰이 생각해 보자. 아직 어린 여러분이 현재 단계에서 모든 것을 결정할 필요는 없다. 지금은 막연히 방향만 보이지만, 나이가 들면서 보이는 것도 있다. 그런 의미에서 천천히, 느긋하게 진로를 좁혀도 된다. 도중에 방향을 완전히 바꿔도 괜찮다. 그런 고민을 하는 것이야말로 미래가 정해지지 않은 젊은이의 특권이다. 시야를 좁히지 말고 여러 분야를 접해 보길 바란다. 국내뿐 아니라 해외로 눈을 돌려도 좋다.

오랫동안 할 일을 선택하는 것이니 자신의 마음을 솔직하게 들여다보고 좋아하는 것, 계속할 수 있는 것을 가장 우선시하자. 누구나 '이게 좋을 것 같은데.'라고 느끼는 것이 있기 마련이다. 그런 감각이 중요하다.

인생은 선택의 연속이다. 어릴 때부터 배우던 피아노를 계속 배울지, 어떤 동아리에 들어갈지, 내일은 어떤 과목을 먼저 공부할지, 아침에 눈 떴을 때 바로 일어나 학교 갈 준비를 할지 아니면 5분만 더 이불 속에 있을지. 우리는 날마다 수많은 선택을 하면서 살아간다.

곰곰이 생각하고 내린 결정이라도 선택이 전부 옳은 건 아니다. 진로도 마찬가지다. 충분히 정보를 모아서 생각을 거듭해 선택했더라도 '생각처럼 되지 않는다.', '생각했던 것과 조금 다르다.'고 느꼈다면 다시 한번 선택을 돌아보길 바란다.

객관적으로 보기 위해 주위 사람들의 의견을 들어도 좋다. 물론 일단 결정한 길이므로 쉽게 포기해서 안 되지만, 어느 정도 가본 뒤에야 보이는 풍경도 분명히 있다. 그 자리에 있지 않고서는 실감할 수 없는 것도 있다.

나는 여러분이 좋은 선택을 할 확률을 조금이라도 높이기 위해 이 책을 썼다. 지금까지 최대한 다양한 각도에서 의학과 의료의 세계를 소개한 것도 이를 위해서다.

미래에는 다양한 전문가가 필요하다

의료 현장에는 수많은 전문가가 관여한다. 의사 혼자서 의료를 진행할 수 없다. 병원에는 의사 외에도 다양한 전문직이 있어서, 다 함께 팀을 이루어 의료를 제공한다. 그런 전문직 중 하나라도 빠지면 질 높은 의료를 제공할 수 없다. 그리고 최강의 '팀 의료'도 수많은 사람의 도움이 있을 때에야 비로소 가능하다.

수많은 사람들이 의료를 만드는 데 공헌한다는 사실은 지금까지 수없이 이야기했다. 물론 의료뿐 아니라 사회에 존재하는 모든 분야가 다양한 전문가로 이루어져 있다. 그중에서 최근에 눈부시게 발전하는 미래 의료는 그런 경향이 더욱 강해지고 있다. 말하자면 거대한 팀 의료를 펼치고 있다. 그 안에서 여러분이 하고 싶은 일을 찾는다면 멋질 것이다.

환자를 대하는 마음가짐이 중요하다

의료 현장에서 "환자에게 다가간다."라는 말을 할 때가 있다. 이것은 의사나 간호사가 환자의 처지가 되어서 생각하고, 환자나 가족을 위해 최선의 의료를 받을 수 있도록 행동한다는 의미다. AI를 탑재한 기계가 의료 현장에 등장해 인간과 함께 일하게 될 앞으로의 시대에 인간 의사, 인간 간호사가 AI에게 밀리지 않고 능력을 발휘하려면 인간이기에 지닌 '환자에게 다가가는 마음가짐'이 중요하다.

　사람을 좋아하는 성격과도 관계있지만, 여기서는 환자에게 다가가는 것의 의미를 조금 더 깊게 생각해 보려 한다. 어려움에 빠진 사람을 발견했을 때, 자신의 일처럼 생각할 수 있는가? 어려움에 빠진 사람이 자신이나 주변의 소중한 누군가가 아니라 모르는 사람이라 해도 똑같이 행동할 수 있는가? 이 질문들은 그 사람에게 얼마나 다가갈 수 있는지를 묻는 것이다.

　다가가는 것은 내려다보는 시선으로 무언가를 '해 주는' 게 아니다. 그 사람과 문제를 함께 고민하고, 문제를 해결하기 위해 함께 노력하는 것이다. 의사는 환자의 의학적인 문제점을 찾아내고 전문가로서 지식과 경험을 살려 환자가 병을 극복하도록 돕는다. 알고 지내는 사람이 아니라 눈앞에 있는 그 사람을 위해 자신의 모든 것을 바친다. 그러려면 사람을 좋아하는 것이 매우 중요하다. 자신이라면 눈앞의 환자에게 다가갈 수 있을지 상상해 보자. 의료를 직업으로 삼으려는 사람에게는 매우 중요한 문제이다.

자신의 미래를 고민하는 기쁨을 누리자

　"문제에는 정답이 있다."는 말을 듣고 당연한 거 아닌가 생각하는 사람도 있을 것이다. 초등학교부터 고등학교까지 학교에서 배우는 내용은 전부 과거에 축적된 지식이다. 다시 말하면 남들이 개척한 길을 성실하게 따라가는 것이다. 수학 공식도, 영어 문법도, 과학 실험도 전부 마찬가지다. 그런 배움에는 예외 없이 '정답'이 있다. 아무리 어려운 수학 문제라도 답에 도달하기 어려울 뿐, 정답은 반드시 존재한다. 그런데 현실은 어떤 상황이든 항상 정답이 존재하는 건 아니다.

대학교에 가면 정답이 없는 문제가 점점 늘어난다. 전과 달리, 스스로 문제를 찾아내는 것부터 시작해야 할 때도 있다. 스스로 문제를 찾아내서 생각해야 하므로 정답이 있지도 않다. 이것이야말로 가슴을 두근거리게 만드는 '학문'인 것이다. 지금은 상상밖에 할 수 없을지 모르지만, 정답이 없는 세계에는 헤아릴 수 없는 매력이 있다.

정답이 없는 상황을 좋아하는 사람은 과학자가 될 소질이 있다. 물론 이 두근거림을 느끼려면 중학교와 고등학교에서 충분히 기초를 쌓아 놓아야 한다. 그러므로 지금 하는 공부는 절대 무의미하지 않다. 특히 중학교와 고등학교에서 배우는 내용은 전부 앞으로 배울 학문의 기초가 된다. 지금 열심히 공부해 놓아야 미래의 선택지를 넓힐 수 있다. 단단한 기초를 발판으로 앞으로 나아가면 더욱 즐거운 세계가 기다리고 있다.

다시 본론으로 돌아가자. 진로 선택에 '정답'은 없다. 학문과 마찬가지로 인생이나 미래는 개척하고 창조해 나가는 것이기 때문이다. 그런 의미에서, 여러분이 앞으로 해 나갈 선택이 좋은 것인지, 아닌지는 미래의 여러분이 결정하게 된다.

이 책을 쓰면서 나는 여러분이 조금 부러워졌다. 정말이다. 여러분은 지금 '어떤 사람이 될 것인가', '무엇을 목적으로 삼을 것인가'라는 너무나도 즐거운 고민을 할 것이기 때문이다.

장래라는 중요한 문제를 고민할 때는 밝은 기분으로 생각하는 게 좋다. 원래도 즐거운 주제지만, 잠이 부족하거나 몸 상태가 좋지 않을 때 말고 기분이 좋을 때 여유롭게 생각하길 바란다. 그때 이 책에서 소개한 여러 지식을 참고했으면 한다. 여러분 혼자 생각해 보기도 하고, 때로 주위 사람들과 의논한 뒤 혼자서 생각하는 등 다양한 방식으로 고민해 보자.

찬란한 미래를 손에 넣기 위해 충분히 시간을 들여서 생각했으면 한다. 나는 그 시간이야말로 여러분에게 가장 귀중한 자산이 되리라 확신한다.

미래 의료계에서
활약할 날을 그리며

새로 산 공책을 앞에 두고 여기에 무엇을 적을까, 이 공책을 전부 채우고 나면 내가 어떻게 바뀌어 있을까를 상상하면 즐겁다. 경험한 것, 새로 알게 된 것, 흥미를 느껴 깊이 공부하면서 내가 얻은 것을 적는다. 그렇게 얻은 것들을 실천하면서 나는 조금씩 바뀌어 간다. 공책 한 장, 한 장일 때는 성장을 느낄 수 없어도 한 권씩 쌓아 가다 보면 무엇인가 확실히 느끼게 된다. 그 기쁨을 알면 마음이 풍요로워진다.

2021년 여름은 지난해부터 계속된 코로나19로 무거운 분위기속에 조용히 지나갔다. 그러나 이 책에서 계속 이야기했듯이, 의학은 인류가 자랑할 수 있는 놀라운 학문이다. 언젠가 신종 코로나바이러스와의 싸움도 끝날 것이다. 이 책으로 의료계의 미래를 들여다본 여러분도 알고 있듯이, 미래의 의학·의료는 무서울 만큼 발전할 것이다.

여러분이 다양한 분야에 진출해 의료의 미래를 만들게 되기를 진심으로 바란다. 여러분이 만들어 낼 새로운 의료 기술로 치료를 받거나 인간 의사와 AI 의사가 함께 일하는 모습을 보게 될 날이 너무도 기다려진다.

마지막으로, 느린 집필 속도를 따뜻한 눈으로 지켜봐 주고 많은 도움을 준 출판사 모든 분들에게 감사의 인사를 전한다.

아재 개그로 가득한 나의 이야기를 싸늘한 표정으로나마 들어 주는 가족에게도 고마움을 전한다. 가족의 뒷받침이 있었기에 이 책을 완성할 수 있었다.

2021년 8월 30일
더위가 한풀 꺾인 도쿄에서
오쿠 신야